Josef Griesbeck
77 meditative Impulse

für Schule, Gottesdienst
und Gemeinde

Josef Griesbeck
77 meditative Impulse

Herder
Freiburg · Basel · Wien

2. Auflage 1997
Alle Rechte vorbehalten – Printed in Germany
© Verlag Herder Freiburg im Breisgau 1996
Herstellung: Clausen & Bosse, Leck
Gedruckt auf umweltfreundlichem,
chlorfrei gebleichtem Papier
ISBN 3-451-26096-4

Inhalt

7 Meditation ist Suche nach sich selbst
9 Damit Meditationen Erfolg haben

13 Ähre	48 Licht	86 Weg
14 Asche	49 Masken	87 Wegweiser
15 Auge	50 Mauer	88 Wein
16 Baum	51 Mitte	89 Wind
17 Berg	52 Morgen	91 Wort
18 Blatt	53 Nacht	92 Wüste
19 Brot	54 Nagel	93 Wurzel
20 Brücke	55 Name	94 Ying-Yang
21 Buch	56 Netz	95 Zeit
22 Duft	57 Nuß	96 Zweig
24 Engel	58 Öl	98 Zündholz
25 Erde	60 Perle	
26 Faden	62 Quelle	
27 Farben	63 Rad	
28 Fenster	64 Regenbogen	
29 Fest	65 Ring	
30 Feuer	67 Salz	
31 Gebärde	68 Same	
32 Gott	69 Schale	
33 Grenze	71 Schatten	
34 Hand	72 Schlüssel	
35 Heimat	73 Schritt	
36 Holz	74 Schweigen	
37 Horizont	75 Sonne	
38 Kerze	76 Sonnenblume	
39 Kette	77 Spiegel	
40 Knoten	78 Spirale	
41 Kreis	79 Stein	
42 Kreuz	80 Stern	
43 Krug	81 Tod	
44 Kugel	82 Ton	
45 Labyrinth	83 Tür	
47 Leere	84 Wasser	

Meditation ist Suche nach sich selbst

Meditation will die Sammlung des Menschen für eine wichtige Sache. Wer sich auf Meditation einläßt, sucht Erfahrung und nicht Wissen; sucht Betrachtung und nicht Konzentration. Meditation ist daher mehr ein verweilendes Staunen und kein vom Willen beeinflußtes Nachdenken.

Zu Buddha kam einst eine Frau und fragte ihn, wie sie meditieren sollte. Er empfahl ihr, sich ständig bewußt zu sein, was sie mit ihren Händen mache: Wenn sie Wasser aus dem Brunnen schöpfe, eine Blume pflücke oder Brot backe. Der Theologe und Zen-Spezialist Alan Watts hat das für westlich-orientierte Menschen so ausgedrückt: „Die Kunst des Meditierens ist eine Art, wie wir mit der Wirklichkeit in Verbindung treten können. Und der Grund zum Meditieren ist die Tatsaache, daß die meisten Menschen mit der Wirklichkeit nicht in Verbindung stehen". Mit diesem praktischen Hintergrund wird mit diesen Kurzmeditationen der Versuch gemacht, unseren täglichen Begegnungen, den Dingen und Geheimnissen der Welt auf den Grund zu gehen, weil alles, was ist, einen Grund und einen Namen hat.

77 Symbole, denen wir oft im tagtäglichen Leben begegnen, werden in anschaulicher und lebendiger Form aufbereitet. In den meisten Fällen werden die TeilnehmerInnen aktiv mit einbezogen und es werden häufig gestalterische Elemente verwendet.

Insgesamt setzen sie daher eine gewisse Akzentuierung gegen östliche Meditationsausrichtungen, die häufig von „Versenkung und Stille" geprägt sind und das Ziel haben, das „Nichts" zu erreichen.

Diese Kurzmeditationen sind auch nicht für Einzelübungen ausgerichtet, vielmehr setzen sie kleine bis mittelgroße Gruppen ab dem 10. Lebensjahr voraus. Die Kurzkapiteln am Anfang dieses Buches sollen dazu verhelfen, daß die Meditationen für alle einen hohen persönlichen Gewinn bringen.

Vor allem aber sind diese Kurzemeditationen nicht auf hochgeistige Auseinandersetzung und tiefe Versenkung ausgerichtet. Vielmehr beabsichtigen sie das, was Evagrius Ponticus treffend so formuliert: „Willst du Gott erkennen, so lerne dich vorher selbst kennen." Wenn ich wichtige Dinge des Lebens aufgreife und - wenn auch nur für kurze Zeit - für mich herhole, dann werde ich in meine Wahrheiten geführt, denn in meinen Gedanken spricht Gott zu mir.
nach Anselm Grün

Josef Griesbeck

Damit Meditationen Erfolg haben

1. Voraussetzungen

Oberste Voraussetzung ist die Freiwilligkeit. Zu einer Meditation soll eingeladen werden statt allen eine solche überzustülpen.

Gleich an zweiter Stelle möchte ich die Aufnahmebereitschaft nennen. Wer übervoll von anderen Dingen ist, den Trubel um sich nicht abgeschüttelt hat und nicht ein gewisses Verlangen mitbringt, wird keinen besonderen Zugang finden. Es ist wie mit einer Flamme, die solange nicht ruhig und stetig brennt, bis die umgebende Luft sich beruhigt hat. Ein anderes Bild dafür ist das unruhige Wasser, das durch Betriebsamkeit trüb geworden ist. Erst wenn sich das Wasser beruhigt hat, wird es klar und ich kann mich darin spiegeln.

Wichtig ist auch, daß das Thema der Meditation mit der unmittelbaren Erlebniswelt der TeilnehmerInnen etwas zu tun hat oder daß diese einen Zugang zum Inhalt wollen und bejahen.

2. TeilnehmerInnen

Es gibt keine festen Regeln in Bezug auf Alter und Teilnehmergröße. Am besten ist es immer, vorher über die Zahl der möglichen Teilnehmer und über den zur Verfügung stehenden Raum nachzudenken und mit diesem Hintergrund sich den Ablauf und die Wirkung vorzustellen.

Mit einer Meditation soll erst begonnen werden, wenn alle zu erwartenden Teilnehmer eingetroffen sind oder niemand mehr erwartet wird. Manchmal kommt es vor, daß jemand während der Meditation einen Hustenreiz bekommt. Bei Dunkelheit oder bei geschlossenen Augen versinken manche TeilnehmerInnen schnell in den Schlaf. Wenn dann auch noch entsprechende Geräusche zu hören sind, kann das wiederum bei anderen zu einem (unterdrückten) Lachen führen. Und dgl.

Diesen Dingen soll man mit Fingerspitzengefühl begegnen. Oft reicht eine kurze Unterbrechen und ein liebevolles Ansprechen der Sache. Manchmal wird man aber nicht umhinkommen, zunächst die Ursachen der Störung aufzuarbeiten.

3. Raum

Ideal ist natürlich ein Raum, der Atmosphäre ausstrahlt und günstige Umstände schafft. Ansonsten läßt sich in den meisten Fällen mühelos ein annehmbares Raumklima schaffen. Beispielsweise kann man in einem Klassenzimmer Tische und Stühle an die Wände stellen, in der Innenfläche Decken auslegen, mit Tüchern, Blumen und Symbolen die Mitte gestalten, Rollos ziehen und viele Kerzen aufstellen. Wichtig ist, daß während der Meditation von außen keine Störung zu erwarten ist.

4. Leitung

Ich gehe immer einige Zeit vor Beginn in den Raum, gestalte diesen noch entsprechend und schaue besonders auf Harmonie und Lichtverhältnisse.

Manchmal ist es notwendig, beim Eintreffen der TeilnehmerInnen unaufdringlich kleine Hinweise zu geben: sich im Kreis einzufinden, mitgebrachte Getränke hinten abzustellen und dgl. Meistens geschieht es so, daß es nach einiger Zeit im Raum von selbst ruhig wird. Manchmal dämpfe ich auch signalisierend das Licht oder ich beginne mit leiser Musik.

Auch wenn sich alle untereinander gut kennen oder schon im Vorfeld ein gemeinsames Miteinander stattgefunden hat, soll eine herzliche Begrüßung zu diesem Angebot nicht fehlen; ebenso ein kleiner Dank am Ende der Meditation.

5. Musik

Ideal ist der Einsatz von Musikinstrumenten, die von TeilnehmerInnen gespielt werden. In diesem Fall müssen entsprechende Stücke gemeinsam mit der Leitung ausgesucht und Einsatzzeiten abgesprochen werden.
Andernfalls muß man sich mit der Technik anfreunden. Das Gerät soll in erreichbarer Nähe der Leitung sein oder man soll die Fernbedienung bereitlegen.
In vielen Fällen beginne ich mit einem Musikstück, damit alle sich noch ganz einfinden und zur Ruhe kommen können. Die Musik lasse ich dann meistens weiterlaufen. Ich bediene mich nur der Lautstärkenregelung, meistens bis zur Nullmarke. Dadurch entfallen die Klick- oder Piepstöne des Ein- und Ausschaltens.
Nicht jede Kurzmeditation muß mit Musik ein- oder begleitet werden! Oft ist die Stille wichtig und diese kann mehr zur Ruhe, Entspannung oder zum Nachdenken beitragen.
Jedes Musikstück soll dem Verantwortlichen bekannt sein, um diese gezielt und zeitangemessen anwenden zu können.
Je nach Situation kann am Ende der Kurzmeditation zum Verweilen im Raum eingeladen werden. Gegebenenfalls läuft dazu die Musik vom Band weiter. Wer gehen will, kann jetzt oder später gehen.
Entsprechende Musik soll man sich im Musikladen aussuchen oder bei Freunden und MitarbeiterInnen holen.

6. Was man sonst noch braucht

Alles soll bereitliegen und nur in besonderen Fällen kann etwas von außen in den Kreis getragen werden; z.B. wenn dies zur Unterstreichung der Aufmerksamkeit notwendig ist oder das aufgrund der inhaltlichen Ausrichtung wichtig ist.
In diesem Buch sind bei den einzelnen Kurzmeditationen die Materialien und sonstigen Notwendigkeiten nicht eigens aufgelistet. Zum einen wäre das nur bei einigen notwendig und zum anderen will ich die „Technologie der Meditation" möglichst im Hintergrund halten. Ich bitte deshalb um Nachsicht und hoffe, daß sich diese Dinge in der Vorbereitungsphase ohnehin von selbst ergeben.

7. Zeit

Die vorliegenden Kurzmeditationen sind auf 10 Minuten Dauer ausgerichtet. Natürlich immer mit Plus- und Minus-Möglichkeiten. Die Wichtigkeit und den Wert von Meditationsausrichtungen mit längerer Dauer möchte ich ausdrücklich betonen. Jedoch finden wir häufig Situationen vor, bei denen mehr die Kurzmeditation gewünscht und begrüßt wird:
Vor Beginn einer themenorientierten Arbeitseinheit, zur Frühschicht, zum Beginn eines neuen Tages, zur Unterstützung einer Religionsstunde, als Tagesabschluß um Mitternacht, als zusätzliches Angebot in der Advents- oder Fastenzeit, zum Beginn eines Gottesdienstes oder zur Vertiefung eines Themas.

8. Körperhaltung

Die klassische Meditationshaltung ist das Sitzen mit gekreuzten Beinen. Der Rücken sollte entspannt, aber aufrecht sein, der Kopf ausgewogen und bequem auf dem Nacken ruhen. Ohne jegliche Anspannung sollte man sitzen wie ein majestätischer Berg, gelassen und den Geist erhebend. (nach Sogyal Rinpoche)
Auch beim Sitzen auf einem Stuhl soll auf eine aufrechte Haltung geachtet werden. Die Hände ruhen bequem auf den Knien, das Gesicht ist gelöst und der Mund leicht geöffnet. Ganz allgemein soll eine Ausgewogenheit zwischen Entspannung und Wachheit gesucht werden.
In besonderen Fällen ist das Liegen vorteilhaft. Günstig ist, sich auf den Rücken zu legen und die Hände neben dem Körper zu legen. Die Füße sollen dabei nicht überkreuzt werden.

Bei besonderen Übungen kann es hilfreich sein, die Augen zu schließen. Das äußere Geschehen tritt in den Hintergrund und der Blick wird nach innen gerichtet. Das Ziel jeder Meditation soll aber sein, sich von Gegebenheiten der Umwelt nicht ablenken zu lassen, bzw. die Dinge dieser Welt mit dem Eigentlichen zu verschmelzen.

Ähre

Die Körner
Eine alte Geschichte erzählt: Ein einfacher Mann hatte sich für das Volk verdient gemacht und der König stellte ihm daher einen Wunsch frei. Der Mann antwortete: „König, ich möchte Weizenkörner bekommen und zwar nach dem Schachbrettverfahren: Auf dem ersten Feld ein Korn, auf dem zweiten doppelt soviel und dann bei jedem der nächsten Felder immer eine Verdoppelung vom vorigen Feld. Der König lachte über die kleinlich erscheinende Körnerrechnung und gewährte ihm den Wunsch. Doch mußte der König schließlich einsehen, daß es in seinem Land gar nicht soviele Weizenkörner gab, als dieser einfache Mann schließlich hätte bekommen müssen.

Das Spiel zur Geschichte
Alle bekommen 4 Weizen- oder Roggenähren mit etwa gleichen Größenausrichtungen.
Es wird gebeten, die Ähren zu entkörnen und die Körner in bereitgestellte Schalen füllen. Wenn das alle getan haben, wird die Frage gestellt: Wieviele Körner sind deiner Meinung nach in deiner Schale?

Ähren-Meditation
Dazu bekommen alle noch einmal eine Roggen- oder Weizenähre, die sie betrachtend in der Hand halten.

• Die einzelnen Körner sind in den Spelzen eingebettet. Sie werden bis zur Reife geschützt.

• Regnet es im Sommer längere Zeit, so können die Körner nicht zur Reife kommen. Sie werden nicht hart und beginnen schon in den Spelzen zu keimen. Alles Leben braucht eine Ausgewogenheit zwischen Feuchtigkeit und Trockenheit.

• Während des Reifungsprozesses steht die Ähre kerzengerade aufrecht. Mit zunehmender Reife neigt sie sich. Das kann uns auch an die Menschen erinnern, die oft mit zunehmender Reife offener und weiter werden.

• Die Spelzen geben mit zunehmender Reife und Trockenheit die Körner frei. Sie würden herabfallen, wenn man sie vorher nicht ernten würde.

Ährenstrauß
Alle stecken ihre Ähre in eine bereitgestellte Vase und lassen den Ährenstrauß noch einmal auf sie wirken.

Lied: Ein Korn für dich und ein Korn für mich. *Krenzer/Janssens.*

Asche

Was ist Asche?
Früher entstand Asche in den Holzöfen der Wohnzimmer und beim Verbrennen von Kartoffelkräutern auf dem Feld. Heute können die Menschen kaum mehr Verbrennungsvorgänge erleben und somit die Asche als Rückstand und ihre Weiterverwendungsmöglichkeiten nicht mehr erleben.

Wir lassen daher einen kleinen Verbrennungsvorgang auf uns wirken: Dazu nehmen wir ein altes Backblech. Darauf legen wir etwas, was uns wohl wertvoll war, aber jetzt dem Feuer übergeben werden soll. Zum Beispiel einen getrockneten Rosenstrauch oder getrocknete Gewürzzweige wie Salbei, Rosmarin (weil jetzt im Frühjahr ohnehin alles neu entsteht) und dgl. Wir schauen alle zu, wenn das verbrannt wird, was einmal lebendig und wichtig war. Wir sehen, wie dies zu Staub und Asche zerfällt.

Aschenauflegung
Asche ist nicht nur ein Symbol für Buße und Vergänglichkeit, sondern auch für Läuterung und Wiederauferstehung. Der gereinigte Verbrennungsrückstand wurde früher als Reinigungsmittel und als Mineraldünger verwendet.
Wir reiben uns gegenseitig die Asche auf die Stirn oder auf die Handinnenfläche und sprechen dabei Sätze wie:
- Vergänglich ist das Leben auf Erden
- Nimm diese Asche zum Zeichen der Erneuerung
- Das Leben vergeht, die Liebe bleibt

Auferstehung
Von Wernher von Braun ist überliefert: „Die Wissenschaft hat herausgefunden, daß nichts spurlos verschwinden kann. Die Natur kennt keine Vernichtung, nur Umwandlung".
Wir nehmen die Reste der Asche und tragen diese in den Garten. So wollen wir der Erde etwas zurückgeben für die Nahrung neuer Pflanzen und symbolhaft für das Weiterleben nach dem Tod.

Die Asche unserer Väter ist heilig
Die Asche unserer Väter ist heilig, ihre Gräber sind geweihter Boden, und so sind diese Hügel, diese Bäume, dieser Teil der Erde uns geweiht.

Ihr müßt euere Kinder lehren, daß der Boden unter ihren Füßen die Asche unserer Großväter ist.

Damit sie das Land achten.
Erzählt eueren Kinder, daß die Erde erfüllt ist
mit dem Leben unserer Ahnen.
Häuptling Seattle

Auge

Vergegenwärtigen wir uns:
Das Auge ist das wichtigste Sinnenorgan. Über die Augen können zumeist blitzschnell Situationen erfaßt und durch einen ersten Blickkontakt Positionen eingeschätzt werden.

• Über die Augen können wir etwas vom Inneren des Menschen erfahren: neidisch, boshaft, lauernd, gierig, hart, spähend. Während mancher Blicke beunruhigen, stören oder sogar verletzen können, kann ein guter, freundlicher Blick Gelöstheit und Offenheit auslösen. Auch scheut man mit einem schlechten Gewissen den Augenkontakt.

• Es soll auch den „bösen Blick" geben. Um diesen abzuwehren, wurde in vielen Kulturen nach Abwehrmöglichkeiten gesucht. Bedeutend davon sind Darstellungen von einem Auge, das auf Türen, Amulette und sogar auf die Stirn angebracht bzw. getragen wurde.

• Beim Zuprosten legen viele Menschen darauf wert, daß man sich dabei in die Augen schaut. Und manchmal wünscht man es sich, mit jemanden unter „vier Augen" sprechen zu können.

• Der Buddhismus kennt das „dritte Auge" als Symbol der inneren Schau.

Das innere Auge
Ich möchte euch bitten, jetzt die Augen zu schließen, denn ich möchte euch zu einer kleinen Fantasiereise einladen.

In Gedanken stellst du dir vor, daß du jetzt aufstehst und nach draußen gehst. Du gehst einfach so dahin und schon bald weißt du nicht mehr, auf welchen Wegen du gegangen bist. Aber jetzt stellst du fest, daß du dich auf einer kleinen Insel befindest. Setze dich auf auf einen Stein und lasse dich überraschen, was du alles sehen kannst.
- 3 Minuten -
Wer will, kann allen mitteilen, was gesehen und erlebt wurde.

Der Traum vom Paradies
56 Prozent der Deutschen träumen vom Urlaub auf einer kleinen Insel, das ergab eine Umfrage des Hamburger Meinungsforschungsinstitut Emnid. Besoners ausgeprägt scheint der Traum vom sonnigen Eiland bei der Altersgruppe der 14 - 29jährigen zu sein: 69 Prozent von ihnen bekannten sich zu Insel-Phantasien.
Psychologen werten die Inselsehnsucht als „unterbeweußte Suche nach dem verlorenen Paradies". (Pressemeldung 25.11.95)

Was kein Auge gesehen hat
Nein, wir verkündigen, wie es in der Schrift heißt, was kein Auge gesehen und kein Ohr gehört hat, was keinem Menschen in den Sinn gekommen ist: das Große, das Gott denen bereitet hat, die ihn lieben. (1. Ko. 2,9)

Baum

Wenn ein Mensch geboren wird oder wenn zwei Menschen heiraten, dann pflanzt man oft einen Baum. Der Baum ist ein archetypisches Symbol des Lebens.
Wir wollen dieses Lebenssymbol für uns herholen, unseren „Lebensbaum" meditieren. Stellt euch dazu im Raum verteilt auf und zwar so, daß ihr auch um euch herum genügend Platz habt. Schließt dann die Augen.

Wachstum
Stelle dir vor, du bist ein noch ganz junger Baum. Du willst wachsen und groß zu werden. Du strebst nach der Sonne, nach Wärme und dem Licht. Mit jedem Frühjahr stellst du fest, daß wieder ein Jahresring gezogen ist. Je mehr Ringe, desto größer und kräftiger wirst du.
In den Zeiten deines Wachstum stellst du fest, daß dir oft die richtigen Nährstoffe fehlen, zuwenig oder zuviel Flüssigkeit vorhanden ist und daß manchmal Boden und Luft von der Umwelt übersäuert sind. Trotzdem wächst du dem Himmel entgegen!
• Recke dich einmal kräftig, strecke die Arme nach oben.

Wurzeln
Du hast Wurzeln geschlagen. Zunächst ganz zart und vorwärtstastend, aber dann hast du dich ganz fest in deiner Umgebung verwurzelt. Wenn ein starker Wind bläst, dann hast du manchmal Angst, entwurzelt zu werden. Und dann treibst du noch kräftigere Veran-kerungen in den Boden deines Standortes. Aber das geht nicht immer so einfach: Manchmal mußt du dir unter felsigen Boden einen Halt suchen.
• Stelle dich breitbeinig auf den Boden, denke an deine Verwurzelungen.

Stamm
Inzwischen bist du stark geworden, man kann sich an deinem Stamm anlehnen. So schnell haut dich nichts um! Aber manchmal haben Menschen, die bei dir Halt suchen, Angst, daß du dich zu sehr zur Seite neigst. Manchmal kommen Seitenhiebe, dich arg verletzen. Du versuchst, die Wunden zu heilen; aber oft bleiben Narben.
• Fühle dich als fester Stamm: Kerzengerade, kein Wind kann dich umwehen!

Jahreszeiten
Im Frühjahr blühst du auf und jede Beschneidung führt nur zu mehr Fruchtansatz. Im Sommer wachsen dir Zweige und Früchte zu. Du gibst den Vögeln Heimat und Menschen und Tieren Schutz vor Hitze und Regen. Im Herbst streicht zärtlich der Wind durch die Farbenpracht deiner Blätter und süße Früchte sind dein. Nach der schmerzlichen Erfahrung, etwas fallen lassen zu müssen, versuchst du im Winter dein Leben zu schützen und harrst auf neues Wachstum.
• Strecke deine Arme nach links und rechts aus: Du bist fest wie ein Baum, du blühst und schenkst Früchte. Du kannst behüten und weiterwachsen.

Berg

Bereitung
Im religiösen Empfinden sind Berge dem Göttlichen näher als die Ebene. Frühere Kulturen haben in den Berggipfeln den Aufenthaltsort des unsichtbaren Gottes gesehen, dessen Majestät von den Wolken verhüllt war. Die Religionsgeschichte kennt zahllose heilige Berge. Noch heute stehen viele Kirchen und Kapellen auf Berggipfeln. Im alten Orient glaubte man, daß die Erde dort, wo sie sich erhebt, lebe. Die Vorstellung, daß der Hügel als Kraftzentrum der Erde einen Anspruch auf Verehrung hat, ist uralt.
Berge faszinieren auch heute noch. Zu allen Jahreszeiten wollen viele Menschen die Bergwelt erleben und manche Gipfel bezwingen.

Bildmeditation
vorher soll ein passenden Bild (Dia) ausgesucht werden. Bevorzugt sollen Bergdarstellungen mit massiver und vielgestaltiger Ausrichtung gewählt werden

Wir haben ein Bild von einem Berg ausgewählt, das uns jetzt zur Betrachtung zur Verfügung steht.
Zuerst betrachten wir diesen Berg einige Minuten. Dazu hören wir eine Musik.

Die Fragen an uns sind:
1. Ich sehe - sprecht aus, was ihr seht und was ihr empfindet -
Beispiele: die sonnenabgewandten Seiten sind schneebedeckt
die Baumgruppe rechts oben stellt eine Menschengestalt dar

2. Mir fällt ein:
Beispiele: Wieviele Tonnen mag wohl dieser Berg haben?
Mich beschäftigt, wie dieser Berg so geworden ist

Das Wort, das Jesaja gehört hat:
Am Ende der Tage wird es geschehen:
Der Berg mit dem Haus der Herrn steht fest gegründet als höchster
    der Berge;
er überragt alle Hügel.
Zu ihm strömen alle Völker.

Viele Nationen machen ich auf den Weg, sie sagen:
Kommt, wir ziehen hinauf
    zum Berg des Herrn
und zum Haus des Gottes Jakobs.
(Jes 2, 2-3)

Blatt

Das Blatt ist nicht nur ein Symbol des Pflanzenbereiches, es gibt uns auch Hinweise auf das Zusammenwirken Einzelner an einem Ganzen. Bei manchen Blattarten wie Ahorn oder Buche können Gliederung und Faserung diesen Hintergrund besonders aufzeigen.

Abschluß
Alle Blätter werden auf einen Plakatkarton geklebt und so kann noch zum Betrachten der verschiedenen Blätter eingeladen werden.

Blattbetrachtung
Alle haben ein Blatt vor sich. Nach einiger Zeit der Betrachtung wird dazu eingeladen, alles auszusprechen, was gesehen und gedacht wird: Blattaufteilung, Fiederung, Blattrippen, Verzweigungen, Stiel, Blattadern (Transportwege), Stoffwechsel (Assimilation) und Atmung (Sauerstofferzeugung).

Wir legen eine Hand auf unseren Oberschenkel und legen das Blatt darauf. Betrachtend können entweder alle Aussagen bringen, oder eine Person bringt nachfolgende Gedanken.

- Ähnliche Grundformen der Hand und des Blattes.
- Auch unsere Hand weist ein Gerippe auf und ist mit Nerven- und Blutadern versehen.
- Unsere Hände leisten viel Zuarbeit für den Körper und den Bestand des Körpers. Nicht immer liegen die Früchte unserer Arbeit in unseren Händen.
- usw.

Brot

Alle sitzen im Kreis. In der Mitte liegt ein Laib Brot, davon sind einige Scheiben abgeschnitten.

Manchmal nehmen wir ein Stücke Brot, kauen so dahin und schmecken das Brot. Unser Speichel durchdringt das Brot, geschaffen, den Hunger der Menschen zu stillen. Und wer möchte bestreiten, daß das Brot der Grundbestand menschlicher Nahrung ist.

Es nahm seinen Anfang, als vor Wintereinbruch ein Samenkorn auf fruchtbaren Boden fiel. Der Sämann streute es aus, die Erde füllte es mit Wasser, es sproß. Gehärtet durch Frost und Kälte, mußte das Samenkorn sterben, um die Ähre hervorzubringen mit vielfacher Körnerfrucht. Aus vielen Körner wurde Brot. Mit der Kraft treibendem Sauerteigs - gegoren - bereitet - durchdrungen - ohne den Brot nicht wäre.

Wie oft essen Menschen allein. Im Gasthaus suchen wir gerne einen Tisch, an dem noch niemand sitzt. Wer teilt schon Schinkenbrot in Bus oder Bahn mit anderen? Wer würde das verstehen? Doch setzen sich Menschen zur Brotzeitpause neben dem Kran oder in der Kantine Seite an Seite und abends suchen die Menschen den Kreis.

Wer leben will, braucht mehr als Brot. Brot, entstanden unter Schweiß und Mühe vieler Menschen Gegeben an jene, die nicht nur satt werden wollen. Wer das Brot als Ware nimmt, ohnehin schon übersatt, handelt sich Steine ein, nicht Brot.

Brot schenken ist heute nicht mehr Armenspeisung oder Bettlerbrot vor der Haustüre. Viele hungern nach dem Brot der Liebe und nach Anerkennung; nach dem Brot des Verstehens und des Geltenlassens. Brot für die Menschen sind heute Schreie nach Gott und dem wirklichen Leben.

Brot essen kann man allein.
Brot brechen nur mit anderen.
Nehmt - brecht - und eßt!

Brücke

Hinführung

Eine Brücke verbindet zwei ansonsten voneinander getrennte Punkte oder Wohnorte. Sie ist daher ein weitverbreitetes Symbol der Verbindung und Vermittlung. Die meisten Brücken werden aber im mit- und zwischenmenschlichem Bereich gebaut. Es werden Kontakte gesucht und ein neues Zusammenkommen. Über Hindernisse und Getrenntheiten sollen Brücken gebaut werden.

Eine Begebenheit

Alexander und Barbara sind Geschwister und streiten sich oft wegen weggenommener Sachen. Auch heute war es wieder so: Als Alexander noch in der Schule war, holte sich Barbara aus dem Zimmer von Alexander das Englisch-Lexikon, weil sie das ihre in der Schulbank liegen ließ. Später ging Barbara zum Klavierunterricht und als Alexander nach Hause kam, fand er das Lexikon nicht. Er durchwühlte das Zimmer von Barbara, aber er konnte es nicht finden, weil Barbara das Lexikon auf dem Boden liegen ließ und beim Umziehen unwissentlich ihre alten Klamotten darüber warf.
Als Barbara nach Hause kam, entbrannte sogleich ein Streit und auch noch beim Abendessen war noch keine Versöhnung in Sicht.

Brückenbau

Wir könnten stellvertretend für Alexander und Barbara eine symbolische Brücke bauen. Eine Brücke, die die beiden wieder zusammenbringt. Wir bilden dazu zwei Gruppen, A und B, die sich gegenüberstehen. Beide Gruppen sollen von ihrer Seite aus mit dem Bau der Brücke beginnen. Hier liegen Ziegelsteine zum Bau der Brücke. Eine Gruppe beginnt. Wer einen Brückenpfeiler, und später tragende Brückenelemente einbringen will, muß zuerst die andere Gruppe befragen, ob sie damit einverstanden ist. Dann soll man den Vorschlag mit dem Filzstift auf den Ziegelstein schreiben und diesen als Baustein für die Brücke einsetzen. Z.B. das Mißgeschick bedauern
   sich entschuldigen
   etwas für die Wiedergutmachung anbieten
Danach sollten noch Vorschläge eingebracht werden, wie künftig Streit vermieden werden kann. Das soll solange fortgesetzt werden, bis die Brücke vollends zu Ende gebaut ist.

Verbindung Himmel und Erde

Bei vielen Völkern findet man die Vorstellung von einer Brücke, die Himmel und Erde verbindet, häufig in Gestalt eines Regenbogens. Wer Wege zum Mitmenschen findet, wer Brücken für das unüberbrückbar Scheinende baut, hat die Schwelle von der Erde zum Paradies überschritten.

Zum Zeichen der hier entstandenen Brücke für Alexander und Barbara legen wir über die Brücke Bänder mit den Regenbogenfarben.

Buch

Mein Buch
Die meisten Menschen haben ein Lieblingsbuch. Dieses besondere Buch kann oder soll mitgebracht werden und daraus sollen die Teilnehmer einen wichtigen Satz vorlesen. Es kann auch das Tagebuch sein.

Das Buch der Bücher
Wir nehmen ein Buch, das uns ganz wichtig ist, z. B. die Bibel oder die gesammelten Werke eines bedeutenden SchriftstellersIn. Dieses Buch legen wir geschlossen in die Mitte.
Das Buch gilt als Symbol der Weisheit. In früheren Zeiten wurde nur das Wichtigste geschrieben und das galt dann als das Wissen schlechthin. Im übertragenen Sinne sagen wir auch, daß ein Kind wie ein Buch ist, in das man schreiben sollte.
Nicht der Buchstabe des Gesetzes bringt das wirkliche Leben, sondern der Geist, mit dem das Buch geschrieben wurde. Somit ist das „Buch des Lebens" ein Lebenswerk eines Menschen, das in Gotteshand ruht.

Der Sinn eines Buches ist, daß es gelesen wird. Unser Buch ist noch geschlossen. Das bedeutet in der Symbolsprache Geheimnis und daß die darin stehenden Möglichkeiten noch nicht verwirklicht wurden.

Das Buch des Lebens
Damit unser Buch kein „Buch mit sieben Siegeln" bleibt, werden wir es nun öffnen. Ein geöffnetes Buch bedeutet Erfüllung und Verheißung. Wer mag, soll jetzt das Buch wahllos aufschlagen und auf diesen zwei Seiten einen Satz suchen, der für uns alle gewinnbringend oder verheißungsvoll ist.

Abschluß
Alle mitgenommenen Bücher werden zur weiteren Einsicht zur Verfügung gestellt. (ausgenommen Bücher mit einem intimen Hintergrund)

Duft

Geschichte vom Land ohne Düfte
Längst konnten die Menschen eines Landes nichts mehr riechen. Abgase, Parfüms, Schampoos und die Geschmacksverstärker in den Lebensmitteln hatten dazu geführt, daß die Düfte aus Gottes Schöpfung sie nicht mehr erreichten.
Als eines Tages ein Wanderer aus einem fremden Land zu Gast war, sah er die bleichen Gesichter der Menschen, und das Essen, das sie mit ihm einnahmen, schmeckte fahl. Als der Fremde jedoch von den wunderbaren Düften zu erzählen begann, lauschten alle begierig. Sie drängten den Fremden, mit ihnen auf die Suche nach den Düften zu gehen.
In der darauffolgenden Nacht verschwand der Fremde, aber nach Tagen stand er zum Erstaunen aller auf dem Marktplatz und nahm in fast feierlicher Weise den Deckel von einer großen Schüssel. Ein herrlicher Duft entströmte und ein alter Mann rief sogleich: „Das ist der Duft der Narzisse!" Dann begann der Fremde zu reden: „Narzisse beruhigt, erotisiert und beflügelt die Fantasie. Dieser Duft stärkt die Wahrnehmungsfähigkeit auf seelisch - geistiger Ebene und gibt ein Gespür für das Kommende." Augenblicklich konnten die Menschen dieses Landes die Düfte der Küche und der Blumen, den Geschmack einer Zitrone und auch die übelriechenden Abgase der Müllverbrennungsanlage wieder riechen und wahrnehmen. (Kurzfassung)
Monika Schmied

Wir erfreuen uns an den Düften:
- Harz (von Baumabsonderungen aus dem Wald holen)
- Nelken (Gewürznelken aus der Küche)
- Weihrauch (Weihrauchkörner auf glühende Kohle legen)
- Zitrone (Zitronenscheiben oder -hälften auflegen)
- Rum (in ein Trinkgefäß geben)
- Zimt (Zimtstangen auflegen)
- Salbei (frische Salbeizweige)
- Bienenwachs (als Bienenwachskerze)
- Knoblauch (Knoblauchzehe durchschneiden)
- Pfefferminze (frische Pfefferminzstaude aus dem Garten)
- Petersilie (frisch geschnitten)
- Thymian (frisch geschnitten)

Wahlweise andere Duftspender. Am besten solche, die leicht zu beschaffen sind (am besten aus der unmittelbaren Natur); oder Duftlampen und dazu „ätherische" Öle verwenden.

Da nahm Maria ein Pfund echtes, kostbares Nardenöl, salbte Jesus die Füße und trocknete sie mit ihrem Haar. Das Haus wurde vom Duft des Öls erfüllt. (Joh. 12,3)

Duftspendung
Es sollen sich immer zwei Personen zusammenfinden, die sich gegenseitig Duftstoffe geben, einreiben oder salben. Dabei soll der Wunsch des oder der Partnerin erfragt werden: Welcher Duftstoff? Wie übermitteln? (auf Stirn salben, Duftstoff auf dem Handrücken einreiben usw.)

Segenswunsch
Ich wünsche dir die Unverwüstlichkeit, Tatkraft und Lebensfreude, die im Löwenzahn steckt.
Ich wünsche dir die tiefe Verwurzelung einer Ringelblume.
Ich wünsche dir die Geselligkeit des Huflattichs, der nie alleine wächst.
Ich wünsche dir die Lebensfreude und Kraft der Sonne, die das Johanniskraut in dir wecken kann.
Ich wünsche dir die Hartnäckigkeit der Brennessel, die als Unkraut gilt, sich schwer vertreiben läßt und sich zu wehren weiß.
Ich wünsche dir die Beruhigung und Entspannung, die die Melisse und der Baldrian schenken.
Ich wünsche dir Wachstum, Gesundheit und Freude an allem, was wächst, blüht und duftet.
Amen
Jutta Schnitzler-Forster
(Aus: J. Schnitzler-Forster (Hg.), „...Und plötzlich riechts nach Himmel", Schwaben Verlag 1995, S. 137)

„**Duftige Bibelstellen**"
Genesis 8, 20-22
Mt. 26, 6-13

Engel

Die TeilnehmerInnen stellen sich im Raum verteilt auf. Es werden untenstehende Engel-Beschreibungen eingebracht. Je mehr jemand hinter der momentanen Aussage stehen kann, desto mehr geht er oder sie in die Mitte des Raumes. Je weniger, desto weiter nach außen. Es kann und soll also eine permanente Bewegung im Raum sein. Die Texte sollen langsam und mit entsprechenden Pausen gelesen werden.

Engel-Beschreibungen

Die Engeln sind Boten Gottes. Sie bringen die Gegenwart Gottes unter die Menschen.

- Es gibt gute und böse Engel. Jeder Mensch hat seinen Schutzengel und oft muß er erkennen, daß ihm auf wundersame Weise geholfen wurde.
- Es gibt keine Engel! Wenn wir Engel sagen oder meinen, dann stehen nur die guten Taten von konkreten Menschen dahinter.
- Unter Engel stelle ich mir geistbetonte Wesen dar, die nicht nur dieser Erde gehören. Sie sind somit auch geschlechtslos und frei von menschlichen Begierden. Man kann sie nicht sehen, nicht darstellen und sie sich am besten mit wallenden Gewändern vorstellen.
- Es gibt männliche und weibliche Engel. Die „Söhne Gottes" kommen auf die Erde, um erwählten Frauen Kinder zu zeugen. Nymphen und Walküren sind himmlische Auserwählte, die Männer im Moment des Todes in ekstatische Umarmung nehmen.

Metapher

Wir sitzen wieder im Kreis. Alle sind zu Metaphern und Meinungsaussagen eingeladen. Der Anfang des Satzes soll sein: „Engel ist für mich, wenn..."

Abschluß:

Jesus und die Engel

- Im sechsten Monat wurde der Engel Gabriel von Gott in eine Stadt in Galiläa namens Nazaret zu einer Jungfrau gesandt... Der Engel trat bei ihr ein und sagte: Sei gegrüßt, du Begnadete, der Herr ist mit dir..." (Lk. 1,26-28)
- Andere sagten: Ein Engel hat zu ihm geredet. Jesus antwortete und sagte: Nicht mir galt diese Stimme, sondern euch. (Jh 12,29)
- Die Engel sagten zu ihr: Frau, warum weinst du? Sie antwortet ihnen: Man hat meinen Herrn weggenommen, und ich weiß nicht, wohin man ihn gelegt hat. Als sie das gesagt hatte, wandte sie sich um und sah Jesus dastehen. (Jh 20, 13-14)

Erde

Diese Erd-Meditation soll in der warmen Jahreszeit im Freien stattfinden. Wir suchen uns dazu ein schönes Fleckchen Erde wie z.B. Wiese, Ackerboden oder Gartenrasen aus. Gegebenenfalls kann eine Decke als Unterlage verwendet werden.

Teil 1
Alle legen sich flach mit dem Rücken auf die Erde und schließen die Augen.

Auf der Erde kannst du liegen, spüre, wie sie dich trägt.
Erde, die alles Leben hervorbringt.
Auch du bist aus der Erde genommen und wirst zur Erde zurückkehren.

Gegebenheiten:
Neugeborene wurden früher auf den Boden gelegt, Gebärende sowie Sterbende liegen auf ihm. Betende berühren ihn, werfen sich nieder.
„Die Erde tue sich auf bringe Heil hervor, sie lasse Gerechtigkeit sprießen" (Jes 45,8)

Teil 2
Alle richten ihren Oberkörper auf, bleiben aber auf der Erde sitzen.

Auf der Erde kannst du sitzen.
Die Erde kannst du spüren.
Du bist dieser Erde erwachsen und kannst alles um dich herum wahrnehmen.

Gegebenheiten:
• In einer Handvoll Erde leben Millionen von Organismen. Lebloses Gestein wird in nährstoffgebenden Humus verwandelt.
• Immer mehr wird dieser Nahrungsgeber verseucht: Mit Spritz- und Düngemitteln, mit unserem Wohlstandsabfall. Wir haben den Boden unter den Füßen verloren, verkaufen ihn und betonieren ihn zu. Und trotzdem trägt uns diese Erde.
„Wer von der Erde ist, der ist von der Erde und redet von der Erde (Jh 3, 31)

Teil 3
Alle stehen auf und spüren die Erde unter den Füßen.

Auf der Erde kannst du stehen.
Diese Erde trägt dich und damit hast du einen Standpunkt.

Als einziges Lebewesen kann der Mensch über sich selbst hinausdenken. Die Sehnsucht nach einer „neuen Erde" brennt in uns.
„Dann erwarten wir einen neuen Himmel und eine neue Erde, in denen die Gerechtigkeit wohnt. (2 Pt. 3,13)

Faden

Geschichte

Ernesto war im Gefängnis, weil er brachliegendes Land besetzt hatte, um seine Familie zu ernähren. Seine junge Frau durfte ihn einmal in der Woche besuchen und jedesmal zog sie einen Faden aus dem Saum ihres Rockes und übergab diesen unbemerkt ihren geliebten Mann. Dieser hielt alle Fäden gut versteckt und eines Nachts drehte er mit allen Fäden ein so starkes Seil, daß er sich über das Fenster in die Freiheit abseilen konnte.

Fadenprobe

Ich habe hier einen Faden. Es ist ein Leichtes, diesen in zwei Teile zu zerreißen. - Probe -
Ich nehme drei Fäden. - Probe -
8 Fäden. - Probe -
Jetzt habe ich vermutlich genug Fäden zu einem dünnen Strick zusammengedreht, daß dieser nicht mehr reißen wird. Wer möchte das ausprobieren?

Wir spinnen viele Fäden und Seile! Manchmal verlieren wir unseren Faden und manchmal nehmen wir einen angebotenen Faden auf.
Manchmal hat ein Mensch alle Fäden in der Hand
und manchmal wirkt ein noch so dickes Seil fadenscheinig.

Ich möchte dazu einladen, über Fäden und Seile Gedanken und Praxisbeispiele zu bringen:
- Wo entdecke ich im Leben Fäden? Wer webt sie?
- Wo „beißt manchmal die Maus den Faden ab"?
- Wo hänge ich manchmal am „seidenen Faden"?
- Wo werden für ein starkes Miteinander Fäden geknüpft?

Lied:
Gott spannt leise kleine Fäden
Bittlinger

Farben

Die Farben verkörpern als Teile des Lichtes auch Teile des Lebens und sind deshalb Bestandteil des Ganzen. Farben sind lebendige Kräfte und Quellen der Stärkung. (nach Christa Muths)

Farbenspiel
Alle sind eingeladen, sich aus den bereitstehenden Farbtöpfen (Fingermalfarben) zu bedienen. Folgende Regeln gelten:
- Es darf nur eine Farbe verwendet werden.
- Vorher überlegen, welche Farbe man haben möchte
- Nur einen Farbtupfer auf die eigene Stirn malen.
 (auch: Nase, Wange...)

Farbenvölker
Alle mit derselben Farbe sollen sich zu einem Volk zusammentun. Ihr seid nun ein gemeinsames Volk!
Jedes „Farbenvolk" soll nun für sich ein Symbol auf bereitliegendes Papier malen. Es darf aber wiederum nur die bereits augewählte Farbe verwendet werden. Es können oder sollen ganz einfache Sachen sein wie ein x, ein Kreis oder nur einen Strich.

Farben-Sprache
Alle „Farbenvölker" sollen nun zum Ausdruck bringen, warum sie diese Farbe gewählt haben und was diese Farbe für sie bedeutet. Dabei sollen die Farben auch beschrieben werden wie z.b. hell, warm, anregend, feurig, pompig, besänftigend, harmonisieren, stolz, aggressiv, künstlerisch...

Abschluß
Wir erleben noch ein Farbenspiel. Zum Beispiel vorher Diagläser bunt bemalen und diese jetzt betrachten. Oder elektronische Lichteffekte einbringen. Oder: viele bunte Luftballons durch den Raum schweben lassen.

Fenster

Ein alter Fensterrahmen wird in die Mitte gestellt bzw. gelegt. Gegebenenfalls kann das „Fenster" auch mit dickeren Balken auf den Boden „ausgelegt" werden.

Neben der Türe gehört das Fenster zu den wichtigen und notwendigen Gegebenheiten bei einem Haus oder einer Wohnung. Wir haben ein solches Fenster in unsere Mitte genommen, damit uns heute seine Bedeutung aufgehen kann.

Mit einem Fenster haben wir es jeden Tag zu tun: Wir können hindurchschauen, von außen hinein- und von drinnen hinausschauen.

•

Wir können es verschließen: damit es nicht zieht; damit wir hinaus- aber andere nicht hineinschauen können.

•

Das normale Fenster als Quadrat ist starr und einschließend. Es wird etwas eingegrenzt und es läßt nur eine Richtung zu: innen/außen.

•

Wenn man auf den Fensterrahmen ein Kreuz setzt, dann stellt das den Lebensbaum dar, der aus dem Grab wächst.

•

Setzt man das Kreuz in das Fenster, so entstehen vier neue Kammern oder Elemente

•

Aus dem Fenster schauend kann man die vier Elemente der Erde beobachten: Erde, Luft, Wasser und das Licht. Oder die Jahreszeiten. Oder die vier Himmelsrichtungen. Oder die vier verschiedenen Temperamente der Menschen.

•

(an zwei gegenüberliegenden Ecken auseinanderschneiden)
Aus dem geschlossenen Fenster kann man auch ein offenes machen: Man braucht dazu nur die zwei Hälften gegengleich zusammenlegen.

•

Dieses Kreuz, offen nach allen Seiten, unendlich und weit, kreativ und erlösend, lassen wir jetzt noch einige Zeit liegen. Wir halten Stille und hängen dieser Kreuzesausrichtung noch nach.

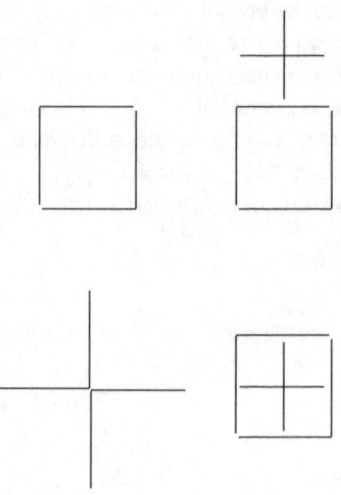

Fest

Hintergrund
Ein Fest kann so beginnen, bzw. manche beginnen so, daß man einfach ganz zwanglos anfängt. Manche beginnen mit einem Text oder einer Rede. Man kann aber das Fest auch meditativ einstimmen. Sofern der Rahmen und der Anlaß dazu passend sind und die „FestteilnehmerInnen" das nachvollziehen wollen oder sogar wünschen.

Licht
Seid alle zu unserem Fest herzlich willkommen. Wir möchten mit dem Anzünden des Lichtes beginnen. Nicht die Scheinwerfer sollen unser Fest bestimmen, sondern das Licht der Kerzen. Deshalb entzünden wir jetzt die erste Kerze und damit soll zum Ausdruck kommen, daß das Licht in unsere Feiergemeinde kommen soll. (nachdem die erste Kerze entzündet ist, wird das elektrische Licht gelöscht und alle schauen zu, wie die Kerzen im Raum entzündet werden)

Blumen
(die Blumen stehen abseits auf einem Tisch)
Seht und bewundert die Farben und die Vielfalt dieser Blumen! Ich möchte euch bitten, betrachtend mitzuverfolgen, wenn jetzt die Blumen auf die Tische verteilt werden. Ein Blumengebinde stellen wir hier abseits auf einen erhöhten Platz zum Zeichen eines festlichen Hintergrundes.

Wein
Wir öffnen jetzt die erste Flasche. Seht den klaren Wein. Man kann wirklich behaupten, daß dieser Wein leuchtet. Wir, die wir anschließend gleich das Einschenken übernehmen, möchten jetzt diesen Wein probieren. Nehmt dies als Geste unserer Bemühungen, euch auch einen guten Wein vorzusetzen.

Brot
Das ist das Brot, das uns beim Fest Grundnahrungsmittel sein soll. Wir reichen es durch die Reihen. Riecht davon; und wenn ihr wollt, kostet auch ein wenig.

Die Festgäste
Am wichtigsten sind die Menschen, die zum Fest gekommen sind. Euch sei der Gruß zugesagt und der Wunsch, eine frohe und festliche Gemeinschaft zu sein.
Es wäre aber keine Gemeinschaft, wenn sich jetzt alle schnell auf ihre Plätze begeben würden, ohne untereinander begrüßt und bekannt gemacht zu haben.
Im Römerbrief wird die Aufforderung gegeben: „Grüßt einander mit dem heiligen Kuß." (Rö 16,16) Welche Begrüßungsformen auch immer angewendet werden, es soll herzlich und in Liebe sein.

Laßt uns nun das Fest beginnen.

Feuer

Vorausetzungen
Nicht überall kann man Feuer machen. Am ehesten ist es als Lagerfeuer im Sommer möglich. Eine „Feuermeditation" braucht Ungestörtheit und die Bereitschaft der Teilnehmenden. Am besten eignet sich dazu die mitternächtliche Stunde.

Wir entzünden das Feuer
(An diesem Tag wird das Feuer erst um die mitternächtliche Stunde entfacht. Das soll dann geschehen, wenn alle versammelt und etwas zur Ruhe gekommen sind.)
Ich möchte euch bitten, diese Feuermeditation von Beginn an zu beobachten und aufzunehmen. Ich entzünde nun ein Streichholz. Wenn es ganz leise ist, werden alle von uns auch das Zischen hören. Hört dann, wie das Papier und dann das Reisig Feuer fangen - Feuer und Flamme werden!

Es brennt
Etwas verbrennt und dabei handelt es sich nicht um wertloses Material, das zu nichts mehr taugt und deshalb in das Feuer geworfen wird. Holz ist wertvoll und daher ist uns auch das Feuer wertvoll. Feuer kann wärmen und leuchten, kann die Menschen wie hier und heute versammeln, kann aber auch etwas so gründlich wie sonst nie vernichten. Ein Schriftstück, das nicht mehr existieren soll, kann ich am sichersten durch Feuer vernichten. Und noch ein Feuer gibt es, das niemand sehen kann. Es brennt in den Herzen der Menschen. Das Feuer der Sehnsucht und das Feuer der Liebe. Ich möchte euch bitten, jetzt eine Minute ganz still zu sein und das Lodern des Feuers zu hören!"

Feuersegen
Gott, der du uns Vater und Mutter bist, du hast uns die Elemente der Erde gegeben, daß wir daran Freude haben und damit sie uns nützlich sind. Kein Feuer soll uns Schaden bringen, keine Feuerwaffen sollen unser Land vernichten und niemals sollen wir in Feuereifer unserer Um- und Mitwelt schaden. Mit diesem Feuer, das wir heute in unserer Mitte entfacht haben, sollen wir das Feuer erspüren, das du in diese Welt gelegt hast. Es soll uns heute erfreuen und noch lange in unseren Herzen weiterbrennen.

Glut
Als es noch keine Streichhölzer gab, mußte das Feuer ständig gehütet werden. Wenn nur noch die Glut war, war es höchste Zeit, den Funken überspringen zu lassen. Das Feuer soll nie verlöschen. Nicht auf der Erde und nicht in uns.
Wenn wir für eine kurze Zeit ganz still sind, werden wir erfahren, daß es fast nichts mehr zu hören gibt. Wir werden an die Glut erinnert, die in jedem Menschen ruht. Schauen wir eine zeitlang aufmerksam in die Glut.

Gebärde

Unsere Körperhaltung verrät meistens, wie es uns momentan geht und was wir zum Ausdruck bringen wollen. Gebärde zeigt, wie man sich bewegt und wie man sich in zwischenmenschlichen Bereich einbringt.

Anspannen und Loslassen
Die Anspannung und das Loslassen haben miteinander etwas zu tun und bedingen sich einander. Jeden Tag geschehen diese Vorgänge in uns und mit uns.

Anspannen
(diesen Vorgang vorher ausprobieren!) Wir probieren zunächst die Anspannung.
Hier ist ein großes Gurkenglas und darin liegt ein Geldstück. Wer mag dieses Geldstück herausholen?`
Es ist deutlich geworden, daß dies nicht möglich ist. Wenn die Hand im Glas ist und sich dann anspannen bzw. wölben muß, kommt man nicht mehr heraus. Das ist oft so in unserem Leben: Oft müssen wir uns anspannen, um Erfolg zu haben. Aber auch die andere Seite kennen wir: Mit der geballten Faust und bei gespannten Situationen geht oft nichts weiter.

Loslassen
Ich lade alle zu einem zweiten Versuch ein: Dazu muß man aufstehen und beide Handflächen nach innen drehen. Die Schultern ziehen sich zusammen und unser Gesicht ist nach unten gerichtet. Wir spüren die Anspannung. Jetzt drehen wir die Handflächen nach außen und wir können feststellen, daß wir nach oben schauen.
Wir probieren noch etwas: Zieht beide Schultern fest nach oben! Wir spüren die Anspannung. Jetzt bitte beide Arme ganz fallen lassen. Unsere Anspannung hat sich gelöst.

Unser Körper – Ausdruck der Seele
Mit unseren Händen, dem Mund und mit dem ganzen Körper wird das sichtbar, was unsere Gedanken und unsere Absichten ausmachen. Im Wechselspiel zwischen Anspannung und Loslassen, mit unseren Gesten und Körperhaltungen spiegeln wir das wider, was in uns lebt.
Ich möchte dazu einladen, sich jetzt auf den Boden zu legen, die Augen zu schließen und mit dem inneren Auge unseren Körper zu sehen: Meine Spannungen und Entspannungen, meine Haltungen und mein seelisches Gleichgewicht.

Musik zur Körperfühlung und zum Ausklang

Gott

Geschichte

Ein König wollte Gott sehen und drohte daher allen Weisen und Priestern seines Landes die Hinrichtung an, wenn es ihnen nicht gelänge, ihm Gott zu zeigen. Niemand konnte das zu seiner Zufriedenheit und viele wurden auf Befehl des Königs getötet.
Da meldete sich ein Hirte, der den König auf einen freien Platz führte und ihn bat, sich die Sonne anzuschauen.
„Willst du, daß ich erblinde?" rief der König und senkte sogleich geblendet den Kopf. Der Hirtenjunge antwortete: Aber König, die Sonne ist doch nur ein Ding der Schöpfung, ein schwacher Abglanz der Größe Gottes!
Der König wurde neugierig und fragte: „Was war vor Gott?" Der Hirtenjunge ließ den König zählen, unterbrach ihn aber sogleich und forderte ihn auf, rückwärts zu zählen und somit war dem König klar, daß es vor der Zahl eins nichts gibt.
Schließlich die letzte Frage vom König: „Was macht Gott?" Der Junge bat den König, mit ihm die Kleider wechseln zu dürfen. Dann stieg er nun als König vom Thron, setzte sich zu ihm und sagte: „Das macht Gott!"
(nach Leo Tolstoi)

Was ist Gott für mich?

Nach eigener Wahl sollen sich immer zwei zusammenfinden und sich dann kurz gegenseitig mitteilen, was Gott für sie ist. Dabei können eigene Vorstellungen von Gott eingebracht werden. Es kann aber auch nur ausgesprochen werden, in welchem der drei Bildern am meisten zum Ausdruck kommt, was Gott für mich und dich ist.

Bildaktion

Leere Diagläser und Folienstifte liegen bereit. Entweder im Zweierteam oder auch allein soll mit wenigen Strichen bzw. einem Symbol zum Ausdruck gebracht werden, was Gott für uns/mich ist. Dabei können Symbole der Geschichte, aber auch welche nach eigenen Vorstellungen genommen werden.
Anschließend werden alle Bilder ohne Kommentare bei leiser Musik gezeigt.

Abschlußsatz

Unser Gott ist ein verzehrendes Feuer (Heb 12,29)

Grenze

Eine kleine Fantasiereise
Alle sollen so bequem sitzen oder liegen, daß sie es in dieser Haltung einige Minuten gut aushalten können. Wir beruhigen uns und spüren unseren Atem. Nichts kann uns jetzt aus der Ruhe bringen.
- Stell dir vor, du bist unterwegs. Du gehst auf einem Weg und auf ein Ziel hin. Lege für dich fest, welcher Weg es ist.
- Dann kommst du zu einem Gebäude. Was ist das für ein Gebäude? Ein Schloß, ein altes Bauernhaus oder eine Hütte?
- Du bleibst stehen und schaust durch ein offenes Fenster. Du siehst auf einen Tisch. Was liegt auf dem Tisch?
- Dann gehst du weiter. Hinter diesem Gebäue triffst du auf ein Wasser. Ist es ein Wasserfall, ein Springbrunnen, ein Wildbach oder etwas ganz anderes?
- Du gehst weiter und kommst an einen Zaun. Was machst du?
- Wie du dich auch immer am Zaun entschieden hast: Was siehst du oder was begegnet dir hinter dem Zaun?

Die Grenze
Wir treffen uns alle im Kreis. In der Mitte wird eine Grenze aufgebaut (z.B. auf zwei gegenüberstehenden Stühlen einen Stab legen)
Wer mag, kann von seinen „Grenzerfahrungen" erzählen: Wie hast du dich an der Grenze verhalten?. Welche Bilder und Gedanken kamen dir?

Weiterführung:
Wo er erlebe ich Grenzen und wie gehe ich damit um?
(es soll keine Diskussion aufkommen; alle Aussagen aufnehmen und so stehen lassen)

Abschlußgedanken
Mache an der Grenze nicht halt!
Frage stets warum und wozu!
Und dir fällt auch dann bald eine Entscheidung zu.

Alternativ: Lied
„Meine engen Grenzen"
Eckert/Heurich

Hand

Um die Hand anhalten
Ich möchte euch bitten, wahllos durch den Raum zu gehen. Wenn ich jetzt gleich das Licht löschen werde, dann bitte ich, einfach weiter zu gehen: Behutsam und tastend. Wenn ihr auf jemanden im Dunkeln trefft, dann gebt euch die Hand.

• Die erste Aufgabe lautet: Ist es eine Frauen- oder eine Männerhand?
- probiert das bei 3 oder vier Personen

• Zweite Aufgabe: Wie fühlt sich diese Hand an: warm, kalt, zitternd usw.

• Dritte Aufgabe: wie alt schätzt du die Person, die dir die Hand gereicht hat?

• Vierte Aufgabe: Wie ist die Hand beschaffen: groß, klein, rauhe Arbeitshände...

• Letzte Aufgabe: Spüre den Händedruck: fest, verbindlich, locker-lässig...

(nach Belieben und Situation ist es durchaus möglich, daß sich nach jedem Händedruck kurze Zweiergespräche im Dunkeln anschließen)

Deutungen
Wir möchten unsere „Hände-Meditation" noch vertiefen. Ich werde jetzt nacheinander mit meiner Hand etwas zeigen und ihr sollt dahinterkommen, was dies darstellt:

beschützen, geben, nehmen, offen sein, verzeihen, drohen, meditieren, bewundern, beten, abwarten, segnen, abweisen, verführen, töten, verabschieden, zeigen, führen, tragen, Verbundenheit, Treue, Macht...

Abschluß:
Es sollen immer vier bis 6 Personen zusammenkommen und sich gegen dem Uhrzeigerlauf im Kreis aufstellen. Alle umfassen zunächst mit der eigenen linken Hand das eigene rechte Handgelenk. Mit der rechten Hand ergreifen alle das linke Handgelenkt der vorderen Person. In dieser Formation gehen alle langsam im Kreis. Wir denken dabei an die vielfältige Verwendung unserer Hände und daran, daß alle Menschen mit ihren Händen mit anderen verbunden sind. Ich lese dazu einen kurzen Meditationstext:

Eine gute Hand soll mich immer führen, jeden Tag und besonders, wenn die sichere Hand mir fehlt.

Hand in Hand will ich gehen: mit Menschen, für Menschen,
hin auf ein Ziel.

Meine Hände will ich füllen und eine gute Hand soll mich führen.
Loslassen können, zärtlich sein, etwas erarbeiten, etwas schaffen.
Hände will ich zur Versöhnung reichen.

Heimat

Sucht euch alle einen Platz!
Ihr habt euch hier eingefunden und das sicher nicht ohne Grund. Zum einen könnte es sein, daß das Thema interessiert. Zum anderen hat sich jede und jeder von euch irgendwo in diesem Raum hingesetzt oder hingelegt. Das könnte Zufall sein. Es kann aber auch sein, daß jemand von euch aus einem ganz bestimmten Grund genau diese Stelle gewählt hat.
Ich möchte dazu einladen, noch einmal über den momentanen Platz nachzudenken. Oder so ausgedrückt: denke noch einmal nach, welche Stelle in diesem Raum dir am besten gefällt. Wenn du lieber einen anderen Platz haben willst, dann gehe zu diesem Platz und richte es dir auch so ein, wie es dir am besten gefällt.

Heimat-Meditation
Denken wir noch ein wenig genauer nach, was uns dieser Platz wert ist. Was halten wir von Heimat?

- Wenn man zum ersten Mal in eine andere Wohnung oder in ein Seminarhaus kommt, dann wird zumeist ein Platz geordert, der vorübergehend Heimat sein soll: Wandseite, in der Ecke, einen festen Sitzplatz beim Essen, welches Bett und wer soll mit im Zimmer sein? usw.

- Karl Jaspers sagte: „Heimat ist da, wo ich verstehe und verstanden werde."

Schreibmeditation
Auf einem großen Blatt Papier ist das Wort „Heimat" aufgeschrieben. Wer mag, kann im Stil des Kreuzworträtsels weitere Wörter dazusetzen, die etwas über Heimat aussagen.

```
        f
        r
        e
  H e i m a t
        u
        t
        t
  K i n d h e i t
        r
```

Gedanken zum Abschluß
„Die Füchse haben ihre Höhlen und die Vögel ihre Nester; der Menschensohn aber hat keinen Ort, wo er sein Haupt hinlegen kann. (Mt. 8,20)

Holz

Alle sitzen im Kreis. Vor jeder Person liegt ein Holzscheit.

Hinführung
Die Beton- und Plastikgesellschaft sehnt sich wieder nach dem Holz. Holz, das im natürlichen Kreislauf wächst und wieder vergeht, zeigt ihre Schönheit in den heimischen Bäumen und bringt Wärme in die Wohnungen.

Meditation Holz
Ganz schön ist Holz als Stamm, als Holzscheibe oder als Holzscheit.
Vor uns liegt ein Holzscheit, ein gespaltenes Stück Holz. Gewachsen in vielen Jahren.
Kantig und rau, ungehobelt und splitternd.
•
Bei einem Holzscheit erinnern wir uns zuallererst an den Ofen, an Kamin oder an das Lagerfeuer. Wenn wir auch nur daran denken, wird uns schon wohlig zumute und wir wissen, daß man in früheren Zeiten im Winter nur mit einem Holzvorrat ein warmes Zimmer hatte.
Wer mag, kann nun das Holzscheit mit beiden Händen aufnehmen und eine Zeitlang betrachten.
•
Manchmal haben wir ein „Brett vor dem Kopf". Diese Redensart leitet sich vom Joch des Zugochsen ab, der sprichwörtlich Holz vor dem Kopf hatte.

Jeder von uns hat manchmal ein Brett vor dem Kopf! Man darf auch einmal begriffsstutzig sein oder töricht. Und wer von uns ist nicht manchmal engstirnig oder in eine Sache verbohrt? Wer das will, kann sich jetzt das Holzscheit für kurze Zeit an die Stirn halten als Zeichen dafür, daß wir manchmal auf dem „Holzweg sind".
•
Die Splitter, die zu einem Holzscheit gehören, erinnern uns an das Zitat bei Mt. 5,3: „Warum siehst du den Splitter im Auge deines Bruders, aber den Balken in deinem Auge bemerkst du nicht?" Wir werden an Schuld und Buße erinnert.
Auch heutzutage wird das Knien auf einem Holzscheit praktiziert, besonders bei manchen Brauchtumszeremonien. Das Holzscheit drückt dabei arg auf die Kniescheibe und soll für Buße stehen. Ich mache das einmal vor. Es soll und kann verdeutlichen, daß ich zu meiner Schuld stehe. Wer mag, kann auch mitmachen.
•
Vieles Gute und Schöne kann mit Holz gefertigt werden. Zum Beispiel eine Brücke.
Ich möchte dazu einladen, die Holzscheite immer zwischen dir und der linken Person zu legen.
Jetzt haben wir Brücken geschlagen und weil wir im Kreis sitzen, hat diese Brücke keinen Anfang und kein Ende mehr.

Horizont

Verständnis
Der Horizont ist eine scheinbare Begrenzungslinie zwischen Himmel und Erde. Für das Auge ist es die Sichtgrenze und das, was der Gesichtskreis aufnehmen bzw. nicht mehr aufnehmen kann.
Am eindrucksvollsten erleben wir den Horizont, wenn wir auf das offene Meer blicken.

Eine Geschichte
Zwei Soldaten lagen zusammengekauert in einem Schützengraben, während draußen ein Großangriff im Gange war. Die Lage schien aussichtslos und beide waren verzweifelt.
Nach endloslangen Minuten raffte sich der eine Soldat auf und blickte über den Rand der Erde hinaus. Er sah, daß sich der Feuerhagel auf sie zubewegte, sah aber auch eine Lücke, die noch eine Chance bot, der Vernichtung zu entrinnen. Schnell machten sich beide auf und kamen so mit dem Leben davon.

Der Horizont weist uns darauf hin, daß wir mit unserem Sehen begrenzt sind. Irgendwo scheint es zu Ende zu sein. Aber wir wissen, daß das nicht stimmt oder stimmen muß. Die Sicht des Auges ist begrenzt und wir sagen „das geht über meinen Horizont hinaus", wenn wir eingestehen wollen, daß es mehr gibt, als wir erfassen können.

Am Horizont die neue Erde
Unendlich sind die Welten, unbegreiflich das Ende des Universums. Allzuoft müssen wir gestehen, daß der Horizont unseres Denkens begrenzt ist. Wir sehen und erahnen oft nur Spuren für das, was hinter den Horizonten sein könnte.
Wir hoffen, daß hinter dem Horizont des Lebens die neue Erde wächst.

Lied:
Laß die kleinen Dinge
Alfred Flury

Kerze

Der Raum ist dunkel, in der Mitte steht eine brennende Kerze.

Oft stellen wir eine Kerze in die Mitte unseres Kreises. Besonders dann, wenn wir feiern oder wenn uns etwas wichtig ist. Dieses kleine Licht spricht uns mehr an als Flutlicht, obwohl es in Wirklichkeit nur eine kleine Funzel ist.

Wir alle wissen aber auch, daß so ein warmes kleines Licht oft in dieser Welt nicht bestehen kann. So manchem Hoffnungslicht in unserem Leben wird der Sauerstoff abgedreht.
(ein Glas wird über das Licht gestülpt und alle können miterleben, wie nach einiger Zeit das Licht langsam verlöscht - vorher ausprobieren!).

Wir spüren die Dunkelheit
Wir spüren die Dunkelheit hier in diesem Raum, aber auch die Dunkelheiten in unserem Leben fallen uns dabei ein. Sprecht aus, was euch dabei in den Sinn kommt!

Ein Sprichwort sagt: „Es ist besser, ein Licht anzuzünden, als über die Dunkelheit zu klagen". Wir wollen nachher das Licht wieder anzünden. Aber vorher sollen wir die Bedingungen dafür schaffen, damit nicht wieder durch Mangel an Sauerstoff bzw gute Lebensbedingungen das Licht auslöschen kann. Sprecht nun aus, was alles notwendig ist, daß eine Kerze als Symbol für Leben und Gemeinschaft, für mehr Liebe und Gerechtigkeit brennen kann.

Und: wer etwas ausgesprochen hat, rückt trotz Dunkelheit einen Meter weiter in die Mitte herein.

Wir entzünden die Kerze
Die Kerze wird entzündet. Unsere Aussagen liegen wie ein Schutzwall um das Licht. Es ist immer so: Wenn die Menschen zusammenrücken oder zusammenstehen für eine Sache, dann kommt das Licht unter die Menschen.

Lied:
Das Licht einer Kerze
Krenzer/Janssens

Kette

Menschenkette

Wir legen etwas in die Mitte, was uns wichtig ist; zum Beispiel ein Kreuz. Wir bilden dann herum eine „Menschenkette" (eng zusammensitzen und die Arme unterhaken). Diese „Kette" symbolisiert zweigerlei: Zum einen etwas Schützendes. So wie Ketten oftmals etwas sichern, so sichern hier lebendige Glieder das, was in der Mitte liegt. Zum anderen ist die Kette ein Symbol der Verbundenheit. Wir selbst haben uns zu einer Kette verbunden.
Dieses „Verbundensein wie eine Kette" wollen wir auch in seiner ganzen Bedeutung aufnehmen. Dazu halten wir eine Minute Stille.

Gebet

Jesus, wir haben uns verknüpft, wir haben uns aneinander gekettet. Wir wollen damit unser Miteinander zum Ausdruck bringen.
In diesem Miteinander bist du die Mitte.
Wie eine Kette wollen wir sein: da sein für andere und unsere Verbundenheit zeigen, wenn es notwendig ist für eine wichtige Sache.
Wir glauben auch, daß von deiner Mitte Kraft und genug Dynamik ausgeht, damit die Kette der Solidarität untereinander nicht reißt.
So soll es sein.

Kettenreaktion

Diese „Kette" soll bleibenden Charakter haben. Daher fertigen wir eine Kette aus Papierringen an: Farbige Papierstreifen von etwa 25 x 3 cm schneiden. Alle können und sollen daraufschreiben, was sie miteinander verbindet oder was ihnen an dieser oder einer Kette allgemein wichtig ist.

Ein Papierstreifen wird zu einem Kettenglied zusammengeklebt und zwar so, daß jeweils mit dem rechten und linken eingekettet ist. Es soll eine „Endlos-Kette" werden.

Dann wir die „Papierkette" um den Gegenstand bzw. um das Kreuz in der Mitte gelegt. Wenn es ein Kreuz ist, kann diese Kette später an der Wand um das Kreuz gehängt werden.

Knoten

Spielerisch sich einfinden
Im Vorfeld der Meditation oder zu Beginn kann das sicher schon bekannte Spiel „Gordischer Knoten" gespielt werden:
6 - 10 Teilnehmer stellen sich im Kreis auf und schließen die Augen. Dann gehen alle mit vorgestreckten Armen in die Mitte und versuchen, mit jeder Hand eine andere Hand zu ergreifen. Wenn alle mit einer fremden Hand verbunden sind, sollen alle die Augen öffen und ohne die Hände loszulassen, soll der Knoten so entwirrt werden, daß wieder alle im Kreis stehen.

Der Seilknoten
Nicht selten geschieht es, daß beim Spiel „Gordischer Knoten" keine Lösung gefunden werden kann. Alexander der Große zerhieb den Gordischen Knoten, der der Sage nach zwischen Deichsel und Joch geknüpft war und unlösbar erschien.
Wir haben hier zwei Seile so zusammengeknotet, daß sie wahrscheinlich niemand lösen kann. Möchte das jemand trotzdem versuchen?

Verknotungen in unserem Leben
In den allermeisten Fällen können wir das entknoten, was sich in unseren mit- und zwischenmenschlichen Bereichen verwickelt und verknotet hat.
Wir haben hier ein langes Elektroseil, das heillos verknotet ist. Wer von uns hat das bei sich zuhause nicht schon einmal erlebt? Wir stecken aber nun trotzdem das eine Ende in die Steckdose und damit soll zum Ausdruck kommen, daß in diesem Seil auch Leben ist. Das andere Ende ist mit einem Elektrogerät verbunden. Aber im Elektroseil ist immer noch dieser Knoten und wie ihr sehen könnt, ist das Kabel wegen dem Knotenknäuel nun zu kurz und es hängt deswegen etwas in der Luft. (vorher ausprobieren!) Darüber kann man leicht stolpern und ich vermute, daß uns diese schlampige Art alle stört. Es ist etwas nicht in Ordnung.
Würde jemand mit der Axt versuchen, den Knoten zu zerhauen, würde nicht nur die Sicherung durchbrennen, es wäre auch das Kabel zerstört.
So ist es auch bei den Menschen: Wenn etwas verknotet ist, dann ist Gewaltanwendung die schlechteste Lösung. Die Verletzungsgefahr oder sogar Todesfolge sind nicht ausgeschlossen.

Der Fehler von vorhin lag nicht darin, daß wir den Stecker in die Dose gesteckt haben. Das Problem entstand damals, als jemand das Kabel unsachgemäß auf- oder abgerollt hat. Das können wir oft auch bei uns feststellen: Die meisten Schwierigkeiten haben eine Ursache in der Vergangenheit. Wir ziehen daher wieder die Stecker und lösen zunächst das Knotenknäuel. Wer mag mithelfen?

Abschluß
Wiederholung des Spieles: Gordischer Knoten

Kreis

Wir stehen alle im Kreis. Der Kreis ist ein Grundsymbol für die Menschen und alles Leben.
Ich möchte euch einladen, diesen Kreis ein wenig in unseren Blickpunkt zu rücken.
•
Die runde Gestalt war den alten Völkern Symbol der kosmischen Harmonie. Ich öffne für kurze Zeit einmal hier diesen Kreis. Wir haben jetzt alle das Gefühl, daß etwas zerrissen und aus den Fugen geraten ist.
•
Dieser unser Kreis ist ein Symbol für Gemeinschaft und das Zusammenhalten.
Fassen wir uns für kurze Zeit an den Händen, gehen dann etwas rückwärts und lehnen uns zurück. Wenn jetzt jemand ausfallen würde, würden alle fallen.
•
Der Kreis bietet Schutz. So einfach kann niemand in oder innerhalb unseres Kreises kommen. Damit das deutlich wird, können wir für kurze Zeit ganz eng zusammengehen und einen undurchdringlichen Schutzwall für das Innere darstellen.
•
Alles, was sich innerhalb des Kreises abspielt, hat eine besondere Bedeutung. Vielleicht mag sich jemand für kurze Zeit in die Mitte stellen.
Wer oder was in der Mitte ist, steht im Blickfeld aller, ist irgendwie wichtig geworden.
•

Alles Leben braucht eine Mitte.
Wir geben gerne das in die Mitte, was uns wichtig ist: eine Kerze, das Essen, die Dorfkirche oder den Marktplatz. Oder wir nehmen „einen lieben Menschen in unsere Mitte auf".
•
Ohne Mittelpunkt bleibt alles Kreisende unstabil, wird zum sinnlosen Leerlauf. In der Mitte werden alle Gegensätze eins.
Wir können jetzt in unserem Kreis festlegen, was wir gerne in die Mitte stellen würden. Wer einen Vorschlag hat, soll diesen jetzt nennen.

Ausklang
Für die Mitte des Kreises etwas gestalten.
Oder bei Musik schweigend einige Zeit mit diesem Kreis verharren.

Kreuz

Die Einladung zu unserer heutigen „Kreuzmeditation" ist verbunden mit der Erstellung eines einfachen Holzkreuzes.
Wer mitmachen will, ist herzlich eingeladen, sich an einen der Tische zu setzen, auf denen sich bereits das notwendige Material befindet.

Das grüne Holz.
Hintergrund
Ich habe Weidenholz geschnitten mit einem Durchmesser von etwa 1.5 cm. Ein wenig aufgebauscht könnte man jetzt sagen, ich habe der Natur Gewalt angetan, weil ich junges, noch im Wachstum befindliches Holz brutal abgeschnitten habe.
Meditation
Wahrlich, auf der Erde wird viel Gewalt ausgeübt, nicht nur gegen die Natur. Als die römischen Soldaten Jesus den schweren Holzbalken aufluden, verglich Jesus gegenüber den Frauen dieses Holz mit einem anderen Holz:
„Denn wenn das mit dem grünen Holz geschieht, was wird dann erst mit dem dürren werden?" (Lk 23,31) Schauen wir auf das grüne Holz und verweilen so eine Minute lang.

Das Holz brechen
Hintergrund
Im Mittelalter wurde über dem Kopf eines Verurteilten ein Stab gebrochen. Den Stab über jemanden brechen heißt sprichwörtlich: Ein hartes, abschätziges Urteil über jemanden fällen.

Meditation:
Hinter Verurteilungen stehen meistens Vergeltung, Neid oder Machtgelüste. Das kennen wir bei uns; bei Jesus war es auch so. Man brach den Stab über Jesus, weil die Menschen seine Wahrheit nicht vertragen konnten.
Meditation
Mit diesem Hintergrund brechen wir nun beide Stäbe, die vor uns liegen. Am besten jeweils in der Mitte knicken, sodaß sie gebrochen und abgeknickt sind, aber noch zusammenhalten. Spürt bei der Arbeit diesen Gedanken nach.

Das Holz kreuzen
Hintergrund
Wer sich an etwas „festbeißt", hängt konsequenterweise mit dran oder drin.
Meditation
Wir stecken die beiden Hölzer an den Bruchstellen zusammen. Wir verkeilen sie, haken ein. Wir reiben und probieren solange, bis beide Balken fest sitzen.
Das „sich aneinander reiben" bringt oft das Kreuz und auch die Erlösung. Aus zwei geraden Hölzern ist eine Senkrechte und eine Horizontale geworden. Ein Symbol zwischen Himmel und Erde.

Krug

Vorbereitungen
Der Raum soll eine gute Atmosphäre ausströmen. Die Stelle in der Mitte wird schön gestaltet: Bunte Tücher, Kerze, Zierfrüchte, Blumen - und ein Krug mit Wein oder Saft.
Vom Krug ausgehend werden bunte Schmuckbänder mit einer Breite von etwa 3 cm zu den im Kreis vorgesehenen Sitzplätzen gelegt, an dessen Ende jeweils ein Becher steht.

Symbol und Wirkung
Wenn die TeilnehmerInnen ruhig geworden sind, lassen wir die Symbolik von Krug und Becher auf uns wirken: Der Krug ist gefüllt und ist dafür geschaffen, den Inhalt auszugießen. Dazu hören wir Musik.

Brainstorming
(Kleine Zettel und Stifte liegen bereit)
Alle sind eingeladen, auf ihr „Verbindungsband" das zu schreiben, was ihnen zu Krug und Becher einfällt. Auch bereitliegende Zettel können dazu verwendet werden, die dann auf das eigene Band gelegt werden.
Zum Beispiel:
Gemeinschaft, Ton, Weinstock, randvoll, Abendmahl, einschenken, Töpferei, trinken, Form, bechern, reinen Wein einschenken, Giftbecher, Einkehr, schöpfen, Schale, Freundschaft, Fest, zuprosten, Trank, GastgeberIn, Wein für das Volk, Unsterblichkeit, Durst, Saft, Wein, gefüllt, Öl, Henkel, Becherrand...

Anschließend soll alles Gesammelte vorgelesen werden. Den Gemeinschaftssinn entsprechend zum Beispiel so, daß alle die Texte des rechten Nachbarn vorlesen.

Einmal wird das Fest kommen
das uns verwandelt.
Ein Fest der vollen Krüge.
Die Becher stehen bereit
und wir warten schon.
Wir warten auf den Frieden
und ein Leben ohne Neid.
Ein Miteinander statt gegeneinander,
ein Fest der Vielfalt in der Einheit
und ein Feste der Trunkenheit.

Wein (oder Saft) wird in die Becher eingeschenkt und alle trinken.

Kugel

Nehmt euere (Glas-) Kugel und legt sie auf die Hand.

Eine Kugel, glatt und rund; irgendwie erinnert sie uns an etwas Geheimnisvolles. Ein geometrischen Körper, der irgendwie eine Vollkommenheit darstellt.

Lasse jetzt einmal alles um dich herum so sein, wie es ist. Schaue fest auf die Kugel und versenke dich in das Innere dieser runden Sache. In dieser gläsernen Kugel kannst du dein Gesicht wiederfinden. Nicht wie im Spiegel - irgendwie magisch, wie in eine andere Welt verrückt.
Lasse dich von der Kugel einholen, nimm das Spiel dieser Zauberkugel an.

Sie hat dich aufgenommen und in eine andere Welt entführt. Eine Welt voller Schönheiten, und der Vollkommenheit kosmischer Einheit.
Du befindest dich in einem Reich der Ganzheit. Ein Jemand mit einer vollständigen Integration der Persönlichkeit spricht dich an und bietet dir einen freien Wunsch an. Wähle - aber wähle nicht oberflächlich, sondern etwas, was für dich alles zu deinem Menschsein ausmachen würde. Alles -vielleicht mehr als alles.
- *Pause* -

Nimm den Wunsch, der dir versprochen ist, mit und komme allmählich wieder zurück in die Wirklichkeit hier in diesem Raum.
Schaue noch einmal dein Symbol ganzheitlich an. Diese Kugel entspricht weitgehend dem Kreis; einem Kreis, der keinen Anfang und kein Ende hat. Und als Kugel weist er in jeder Richtung gleiche Längen auf - irgendwie eine Vollkommenheit.
Die Kugel erinnert an die Erdkugel, an den Sternenhimmel und an das Universum. Sag, wo ist das Universum zu Ende? Weil alles rund ist, gibt es kein Ende, so wie es auch keinen Anfang gibt. Das ist mehr als Leben und Sterben, mehr als Schicksal oder ein noch so großes Glück auf Erden.
Das ist mehr als alles!

Labyrinth

Bereitung
Auf einem großflächigem Raum wird ein Labyrinth ausgelegt. Dies kann auf den Boden aufgezeichnet oder mit dicker Wolle ausgelegt werden. Je nach Situation und Möglichkeit können auch andere Elemente zur Gestaltung eines Labyrinths genommen werden. Die TeilnehmerInnen sollen so stehen oder sitzen, daß sie das Labyrinth gut übersehen können.

Einführung
Das archetypische Muster des Labyrinths ist uralt. Im Urmythos ist das Labyrinth Sinnbild für den Leib der Erdmutter. Der Durchgang durch ein Labyrinth war verschiedentlich Bestandteil von Initiationsriten, er symbolisierte sowohl das Auffinden des verborgenen, spirituellen Zentrums wie den Aufstieg von der Dunkelheit zum Licht. In vielen alten christlichen Kirchen ist das Labyrinth auf dem Fußboden dargestellt und symbolisiert häufig die Heilserwartung in Gestalt des himmlischen Jerusalems.

Der Gang durch das Labyrinth
Jemand geht langsam durch das Labyrinth und bleibt immer dann stehen, wenn Texte entsprechend dazu gesprochen werden.

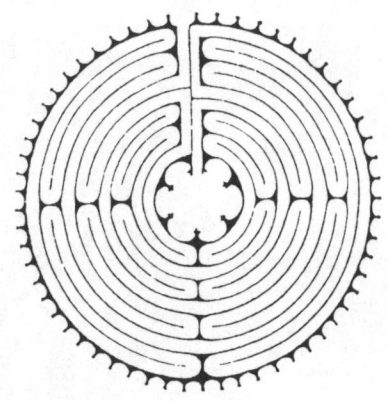

1. Der Eingang
Der Eintritt in die „Lebensscheibe" ist geprägt von Wagnis und banger Erwartung. Erst später wird sich herausstellen, daß es kein Irrgarten ist.

2. Peripherie
Oft bewegt man sich in der Mitte des Lebens, ist nahe am Zentrum. Die Lebenswege führen aber immer wieder davon weg in die Randzonen; im Leben wird man immer wieder an den Rand gedrängt.

3. Richtungen
Immer wieder steht ein Richtungswechsel an. Auch alle vier Himmelsrichtungen müssen durchgangen werden.

4. Mitte
Die Mitte muß jeder Mensch selber finden. Aber in dieser zu bleiben, wäre eine Sackgasse. Die Mitte kann nie Ziel sein. Aufbrechen aus der Mitte, zurück zum „Leben". Auf dem Weg aus meiner Mitte sehe ich meine Wege aus einem anderen Blickwinkel. Und es wird mir bewußt, daß ich viel zurücklassen muß.

5. Eingang und Ausgang
Neue christliche Labyrinthe sind ausnahmslos mit ihrer Öffnung nach Westen gerichtet, also dem Sonnenuntergang, zur Todesrichtung. Das Leben hat einen Anfang und ein Ziel.

Leere

Was ist das Nichts?
Wir können uns das Nichts nur mühsam vorstellen. Immer ist etwas vorhanden, immer tut sich etwas. Das Nicht-sein, das Nicht-aktive und das Nicht-denken gehört nicht in unsere Alltagswelt.
Besonders im Buddhismus wird ein Zustand der Weltüberlegenheit durch das Loslösen von Wissen, Streben und das Freiwerden von Haß, Gier und Wahn als ein Ziel angesehen, die zum Nirvana (Verwehen, Verlöschen) führen.

Wir treffen uns in einem Meditationsraum, einem Raum ohne Mobiliar oder in einer kahlen Landschaft.

Wir befinden ist in einem Raum, der sich deutlich von unseren täglichen Gewohnheiten absetzt: Keine Tische und Sessel, keine Uhr und keine Musikanlage.
• Wir setzen oder legen uns bequem und lassen in uns noch einmal alles vorbeiziehen, was in letzter Zeit an schönen Dingen war und auch die weniger erfreulichen Sachen.
• Jetzt und hier in diesem Raum sind sind wir frei von vielen anderen Dingen, die täglich auf uns einströmen: eine abverlangte Leistung, Rückruf nicht vergessen! Kein Telefon und keine Musikbeschallung, ohne Motorenlärm und das Gemotze von nebenan.

Sicher fallen uns noch viele andere Dinge ein, die täglich auf uns einströmen und die um uns herum sind. Das ist Alltag, das ist Leben.
• Jetzt will ich für ein paar Minuten frei werden. Frei werden von dem, was ich mir selbst immer herhole und von dem, was andere von mir wollen. Frei werden von Reden und Gegenreden und Argumenten, vom „ich soll und müßte".
• Drei Minuten lang versuche ich jetzt dann, ohne Gedanken und Überlegungen auszukommen. Alles, was sich in meinem Kopf herumtummelt, lasse ich los, lasse es von mir wegziehen.
Alle Gedanken oder Emotionen lasse ich kommen und gehen; ich verhindere nichts, nehme diese aber auch nicht an. Es ist mir wichtig, daß ich in diesem drei Minuten ein wenig Leere erfahre.

- drei Minuten -

Abschlußgedanke:
Ist leer mein Haus
und doch ist alles drin.
Sodo

Licht

Bereitung
Bei dieser Meditation soll das „Licht dieser Welt" erfahren und erlebt werden. Gut wäre es, wenn mehrere „Lichtausrichtungen" eingebracht werden. Die beste Möglichkeit dazu ist, im Vorfeld einen Videoclip zu erstellen: Sonnenaufgang, Mond, Nebelscheinwerfer, Straßenlaternen, beleuchtete Ortschaft, Sternenhimmel, offenes Feuer...

Licht - Meditation
Der Film wird gezeigt. Dazu werden folgende Texte gelesen:
•
Gott sprach: Es werde Licht. Und es wurde Licht. Gott sah, daß das Licht gut war. Gott schied das Licht von der Finsternis. (Gen. 1, 3-4)
•
Es gibt Sterne, dessen Licht schon seit Millionen von Jahren unterwegs zu unserer Erde ist.
•
Gebräuchlicherweise sagt man: „Ein Mensch erblickt das Licht der Welt".
•
Das Licht versinnbildlicht die Geistigkeit Gottes.
•
Das Licht steht für Erleuchtung und Erkenntnis. Manchmal sagen die Menschen: Jetzt geht mir ein Licht auf!
•
Das Licht vermag auch den physisch Blinden innerlich zu durchstrahlen.
•

Ohne Licht gäbe es kein Leben auf der Erde.
•
Das Licht kam in die Welt, und die Menschen liebten die Finsternis mehr als das Licht. (Jh 3,19)
•
Ich bin das Licht der Welt. Wer mir nachfolgt, wird nicht in der Finsternis untergehen, sondern wird das Licht des Lebens haben. (Jh 8.12)

Abschluß
Alle Lichtquellen werden gelöscht und die Dunkelheit soll erfahren werden. Dann eintzündet jemand mit einem Streichholz eine Kerze.

Lied:
Mache dich auf und werde Licht
Gnadenthal

Masken

Provokationen
- Männer sind stark und weinen nicht!
- Frauen in Leitungspositionen werden hart und männlich!
- Als Geschäftsmann trägt man Anzug und Krawatte!
- Cool sein ist alles!
- In gutsituierten Familien passiert das nicht!
- Hinter Vampiermasken im Fasching steckt auch wirklich ein kleiner Vampier!
- Du mußt nicht alles sagen, was du weißt!
- Wie das Auto, so das Image!

Einsichten
Viele Masken habe ich.
Wenn ich notgedrungen höflich sein muß, dann setze ich ein nichtssagendes Lächeln auf.
Wenn ich nicht will, trage ich die Maske der Undurchsichtigkeit.
Manchmal trage ich Masken, um zu imponieren.
Auch ein Wolf im Schafspelz kann ich manchmal sein.
Ich kenne die Masken, hinter denen ich mich verstecken kann.
Viele Masken habe ich:
Manche kenne ich, von manchen weiß ich nichts.
Das Schlimme daran ist, daß mir viele Masken von anderen aufgedrängt werden.

- *Nachdenkpause* -

Psalm 139, 1 - 4
Herr, du hast mich erforscht und du kennst mich.
Ob ich sitze oder stehe, du weißt von mir.
Von fern erkennst du meine Gedanken.
Ob ich gehe oder ruhe, es ist dir bekannt;
du bist vertraut mit all meinen Wegen.
Noch liegt mir das Wort nicht auf der Zunge -
du, Herr, kennst es bereits.
Du umschließt mich von allen Seiten und legst deine Hand auf mich.

Maskenverbrennung
Kleine Masken (vorher aus Papier schneiden) liegen bereit; ebenso Stifte.
Wer mag, kann auf eine Maske das schreiben, was als Maske entdeckt wurde.
Diese Masken werden im Anschluß daran verbrannt.

Mauer

Bereitung
Je nach Situation, Raum und zur Verfügung stehenden Materialien kann die nachfolgende Spielsszene in der Raummitte oder auf einer kleinen Bühne gezeigt werden.
Es werden „Ziegelsteine" zum Bau einer Mauer benötigt. Dazu kann man Meditationskissen oder richtige Ziegelsteine verwenden. Im kleinen Kreis reichen auch Streichholzschachteln.

Mauerbau
Zwei Personen sitzen sich gegenüber. Vor ihnen liegt jeweils ein Buch und beide haben neben sich genügend „Baumaterial" zur Verfügung.
1: (nimmt gelangweilt das Buch von 2 und beginnt darin zu blättern)
2: Du hast mein Buch genommen! Gib es sofort zurück!
1: Du bekommst dein Buch schon wieder.
2: Ich will, daß du mich vorher fragst! (nimmt einen „Baustein" und setzt diesen zwischen sich und Person 1)
1: Ich habe es mir ja nur kurz ausgeliehen
2: Du nimmst immer, ohne zu fragen (setzt wieder einen Baustein und und macht das nachfolgend immer wieder)
1: Sei nicht so pingelig! (setzt auch einen Baustein und dies ebenso nach jedem Satz)
2: Du hältst dich nicht an Ordnungen und das ärgert mich
1: Ich lese dir schon nichts weg
2: Gib endlich das Buch zurück!
1: Ja gleich
2: Entschuldigen könntest du dich auch!
1: Jetzt wirst du fies!
2: Wenn du nicht sofort das Buch zurückgibst, knall ich dir eine
1: Du getraust dich ohnehin nicht
usw., bis die Mauer so hoch ist, daß sich beide nicht mehr sehen können.

Die Mauer erleben
Jetzt können sich die beiden nicht mehr sehen. Ich lade dazu ein, eine Minute lang schweigend diesen Mauerbau zu betrachten.
- Schweigen -
Wir erinnern uns an die Mauern, die durch uns selbst ge- oder mitgebaut wurden:
Ziegelstein für Ziegelstein, oft nur aus belanglosem Hintergründen, weil zuwenig miteinander geredet wird, weil man die Bedürfnisse anderer nicht beachtet, weil man glaubt, im Recht zu sein...

Mauerabbau
Wer will, kann einen Ziegelstein wegnehmen und dabei zum Ausdruck bringen, was zum Mauerabbau zwischen diesen beiden notwenig wäre.

Mitte

Anfangsgedanken
Die Mitte wird als Zentrum gesehen, von der alles ausgeht. Besonders im christlichen Bereich gilt der Kreis, in dessen Mitte ein Punkt (= Mittelpunk) steht, als das Symbol des Göttlichen: Der Kreis kann nur durch diese Mitte bestehen und holt alle Kraft aus der Mitte.
In der Peripherie tobt der Lebenssturm, und je weiter der Mensch sich dieser Mitte nähern kann, desto mehr taucht er in das Geheimnis Gottes ein.

Unsere Mitte
Wir sitzen im Kreis, ein Stuhl bleibt leer. Wir werden ruhig und die Kreisform soll ins Bewußtsein gerückt werden.
Dann wird eine uns wichtige Sache in die Mitte gestellt: Blume, Kerze, Kreuz...
Wir denken nach, warum die Mitte als Standort gewählt wurde und stellen dann die Frage, ob wir diese uns wichtige Sache auch auf den freien Stuhl legen könnten, also in unseren Kreis eingereiht werden könnte?
- Aussagen, kurzer Gedankenaustausch

Meine Mitte
Wir stellen uns jetzt unsere eigene Mitte vor. Das gelingt am besten, wenn wir die Augen schließen.
Wir werden ganz ruhig, lassen alles um uns herum sein und atmen ruhig.
Wir konzentrieren uns jetzt auf unsere Mitte, die Nabelgegend - kurze Pause -
Wir versuchen uns hineinzuversenken, daß diese unsere Mitte ganz entspannt ist und sich eine wohlige Atmosphäre ausbreitet. - kurze Pause -
In dieser unserer Mitte entsteht eine kleine Sonne. Die Sonne entfaltet sich und wird größer.
Mit dieser unserer Sonne können wir uns anfreunden, sie ist der Schatz in unserem Leben.

Jetzt konzentrieren wir uns auf die Zehenspitzen des linken Fußes. An diesen Zehen ist ein goldenes Seil gebunden. Wir spannen dieses goldene Seil über die Knöchel, Wade, Knie, Oberschenkel und binden es an der Sonne an.
Jetzt von den rechten Zehenspitzen aus.
Von den Fingerspitzen des linken Armes.
Von den Fingerspitzen des rechten Armes.
Von der linken Seite aus.
Von der rechten Seite aus.
Von der Schädeldecke aus.

Unser ganzer Körper ist mit der Mitte verbunden. Die goldenen Fäden sind wie Sonnenstrahlen in unserem Körper. Wir lassen das Bild der Mitte und der Sonne noch einige Zeit bei leiser Musik auf uns wirken.

Morgen

Bereitung
In den Morgenstunden suchen wir
einen ruhigen Ort im Freien. Eine
Umgebung mit Wiese, Feld, Berg,
Wald oder Bach wäre günstig.
Alle legen sich auf mitgebrachte
Decken und fühlen sich ein. Dann
schließen alle die Augen und nach
einer Phase der Beruhigung beginnt
die Musik.

Musik
„Morgenstimmung" von Edward Grieg.
Aus der Peer Gynt Suite Nr. 1, Op. 45.
Dazu wird nachstehender Text gelesen.

Morgengebet der Indianer

In den Blumen
singen die Vögel
und bringen ihr Lied dar
dem Herrn der Erde.

Die Blumen
breiten ihre Farben aus
und ihren Duft.
Es ist herrlich, sie zu sehen.

So rühmt auch mein Herz
dich, meinen Vater
bei jeder Morgenröte auf's neue,
du, mein Schöpfer.

aus: Jörg Zink, Kostbare Erde

Die Morgenröte kleidet
sich in ihr Lichtgewand.
Sie will Ehre erweisen
dem Schöpfer der Menschen.

Der hohe Himmel
legt die Decke seiner Wolken
von sich. Er beugt sich
vor dem Schöpfer der Menschen.

Die Sonne,
die Königin unter den Sternen,
breitet ihre Strahlen aus
wie goldenes Haar.

Der Wind,
der über die Erde geht,
streichelt auf seinem Wege
die Wipfel der Blumen,
und wir hören ihn reden
in den Zweigen.

Nacht

Am besten ist es, diese Nacht-Meditation im Freien zu halten und zwar abseits von Ortschaften. Die Leitung muß die Gegend kennen und für alle Fälle eine Taschenlampe mit sich führen.

1. Station
In dieser Dunkelheit halten wir die erste Station. Wir können die Finsternis erleben und all dem nachspüren, was die Finsternis mit sich bringt. Einmal, so heißt es in der Schöpfungsgeschichte, lag Finsternis über der Erde. Für einen Augenblick können wir versuchen, uns in diese Situation zu versetzen: Was wäre, wenn es immer dunkel bleiben würde? Zum Beispiel würden bei einer Atomkastastrophe Staub- und Rußwolken die Erde für lange Zeit die Sonne verdecken. Ich möchte dazu einladen, mit diesem Hintergrund bis zur nächsten Station zu gehen: Allein und vielleicht mit einem Zweimeter-Abstand. Laßt diese „Urnacht" auf euch wirken!

2. Station
Man sagt, daß in der Nacht böse Mächte am Werk sind. Viele Menschen haben in der Nacht Angst und trauen sich bei Dunkelheit nicht allein auf die Straße.
Vielleicht besteht die Macht der Finsternis nur darin, daß hier die Begierden des Menschen mehr erwachen. Wer beispielsweise stehlen will, wählt eher die Nacht, weil er dann weniger schnell erkannt werden kann.
Wenn Menschen wachsam sind und zusammenhalten, dann hat das Böse ihre Macht verloren. Deshalb sind wir eingeladen, bis zur dritten Station in Handkette zu gehen.

3. Station
Die Nacht ist nicht nur das Symbol des Todes, sondern auch für den bergenden Schoß.
Eine Pflanze kann nur wachsen, wenn die Wurzeln im Dunkeln sitzen. Sie braucht den Schoß der Erde, die Finsternis.
Bei Mt 4,16 lesen wir: Das Volk, das im Dunkeln lebte, hat ein helles Licht gesehen; denen, die im Schattenreich des Todes wohnten, ist ein Licht erschienen.
In der Osternacht erfüllte sich das Heil, die Nacht wurde neu interpretiert. Wir entzünden eine Fackel und verweilen im Kreis stehend eine zeitlang.

Lied:
In der Mitte der Nacht, liegt der Anfang eines neuen Tag`s, und in ihrer dunklen Erde blüht die Hoffnung.
Fritsch/Baltruweit

Nagel

Bereitung
Ein Holzkreuz von einer Größe zwischen 1 und 3 Meter liegt auf dem Boden. Die Balken bestehen aus Brettern. Kleine Zettel, Stifte, Hammer und Nägel (Huf-Nägel) liegen bereit. Die Teilnehmer sitzen um das Kreuz im Kreis.

Was auf den Nägeln brennt

Vieles ist uns Menschen wichtig und dringend! Manche unserer Anliegen sind brand- und nagelneu, andere sind kleine Dauerbrenner wie der Friede, der Hunger in unserer Welt oder die Umweltbelastung.
Alles, was uns auf den Nägeln brennt, können wir nun auf die bereitstehenden Zettel schreiben. Wir möchten diese danach an das Kreuz nageln zum Zeichen dafür, daß wir das Leid dieser Welt an das Kreuz heften dürfen.

Festnageln
Es besteht jetzt die Möglichkeit, nacheinander diese Zettel an das Kreuz zu heften. Wir haben schwere, sogenannte Hufnägel beschafft, damit das Symbol Nagel an Bedeutung gewinnt.
Wir wollen festnageln und den Nagel auf den Kopf treffen!

Das Niet- und Nagel- Lied
Nieten gibt es immer wieder
und diese nageln wir ans Kreuz.
Manchmal machen wir die Nagelprobe
und die Opfer sind schon ausgemacht.

Etwas häng` ich an den Nagel:
den Mantel, eine Freundschaft und
den Job.
Und dann lasse ich das hängen,
bis alles ist vollbracht.

Name

Geschichte

Junge Indianer kamen zum ersten Mal in eine Stadt, in der es von Leuten nur so wimmelte. Sogleich wollten sie von allen vorbeikommenden den Namen wissen. Sie konnten nicht verstehen, daß ihre Begleiterin die Namen dieser Leute nicht wußte.

Wir alle in dieser Runde haben einen Namen. „Der Name ist ein Stück des Seins der Seele" (Thomas Mann). Dieser unser Name soll jetzt unser ganzes Interesse einnehmen. Damit das auch zum tragen kommt, sollten alle den eigenen Namen nennen. Dieser Name soll so ausgesprochen werden, wie du es wünschst, daß es andere Menschen tun sollen: genaue Namensnennung, Betonung, Klang - und was dir sonst noch wichtig ist.

Einige Impulse für danach:

Mag ich meinen Namen?
Warum/warum nicht?

- Könnte ich mir auch vorstellen, einen anderen Namen zu haben?

- Welche Namen mag ich überhaupt nicht und warum?

- Würde es mir etwas bedeuten, wenn ich an meinem Namenstag einen Kuchen bekommen würde, auf dem mein Name aufgeschrieben bzw. aufgegossen ist?

Wer mag, kann jetzt etwas von seinen Gedanken in die Runde sagen

Mein Name sei mir immer wichtig.
Ich trage ihn, lebe mit ihm.
Er ist eingewurzelt, verankert in meiner Seele.
Ich, das ist mein Name -
mein Name - das bin ich

Mit meinem Namen bin ich eingeschrieben
für mein Leben auf der Erde und danach.
Heilig sei mir mein Name.
Und euch alle im Kreis möchte ich bitten,
meinem Namen mit Achtung zu begegnen.

Netz

(für 6 - 30 Personen,
alle sollen im Kreis sitzen)

Die Frau des Fischers
Die Frau eines Fischers hat mit einem Matrosen die Ehe gebrochen. Nach Landessitte soll sie deshalb von einem hohen Felsen gestürzt werden. Doch in der Nacht vor der Vollstreckung steigt der betrogene Ehemann in die Felswand. Aus starken Seilen spannt er ein großes Netz über den Abgrund, das er mit Gras, Stroh und Kissen ausstopft. Als am anderen Morgen das Urteil vollstreckt wird, sürzt die Frau vom Felsen herab, aber sie wird aufgefangen im Netz der Liebe ihres Mannes. Die Marktgräfin aber schenkt dieser Frau ihr eigenes Haarnnetz zum Zeichen dafür, daß ihre Schuld getilgt ist.
(Nach Werner Bergengruen)

Fäden für das Netz
Aus welchen Fäden besteht mein Netz, das mich tragen soll? Hole Dir aus dem Korb 10 Fäden, mit denen Du ein persönliches Netz erstellen kannst! Dabei stellen die Fäden folgendes dar:
- rote Faden: das soziale Netz der Gesellschaft/des Staates
- grüne Fäden: das Netz der Familie
- gelbe Fäden: FreundInnen
- blaue Fäden: Gott

Nehme dir anteilsmäßig soviele Fäden, wie sie deiner Meinung nach für dein monentanes Leben tragfähig sind und lege damit vor dir ein Netz.
(es soll versucht werden, damit die ganze innere Kreisfläche auszufüllen, so daß ein Netz deutlich erkennbar ist)

Wir sind jetzt auch untereinander vernetzt. Wären die Fäden feste Seile, dann könnten wir in diesem Netz jemanden auffangen, so wie das der Fischer in unserer Geschichte getan hat.

Lied:
Friedensnetz
Netz/Janssens

Nuß

Nuß-Knack-Aktion
Es liegen genügend Walnüsse bereit. Alle können oder sollen versuchen, mit bloßer Hand die Nüsse so zu öffnen, daß der Kern entweder ganz oder wenigstens halb erhalten bleibt. (gegebenfalls auch Nußknacker verwenden!)

Botschaft einer Nuß
In der Mitte des Raumes oder Tisches wird eine weiße Decke aufgelegt. Eine ungeöffnete Nuß wird daraufgelegt. Die aufgebrochenen ganzen Nüsse werden in einem engen Ring um die ganze Nuß gelegt und danach die halben Nüsse. Ganz im Außenkreis liegen die zerquetschten Brocken.

Eine Walnuß.
Die Frucht des Walnußbaumes.
Geschaffen für neues Leben.
Die Schale schützt den Keimling
vor Kälte und Feuchtigkeit.
Wenn der Winter vorbei ist,
sucht sich der Keimling einen Spalt
und mit unglaublicher Sprengkraft
zerbricht er seinen Schutzmantel.

Lasse ich mich auch aufknacken,
damit mein weicher Kern aufscheint?
Aber ich habe Angst vor zu starken
Druck,
Angst, daß der Keim meines Ichs zerstört wird.
Mein weicher Kern braucht Schutz,
will leben!

In dieser einen Walnuß,
so wie sie in der Mitte liegt,
steckt der Auftrag zu einem mächtigen
Baum.

Malaktion
Alle können eine Walnuß mit goldener Farbe bemalen.

Öl

Ausrichtung

Zum Öl finden wir am besten Zugang, wenn man es einfühlsam und meditierend anwendet.

Besonders am Ende einer gottesdienstlichen Feier, aber auch in ruhigen Abendstunden (Spätschicht) kann das Öl wirkungsvoll eingebracht werden. Auf einem schön gedeckten Tischchen stehen zur Verfügung: eine Flasche reines Olivenöl, verschiedene Öle (siehe unten), kleine Schüssel und Papiertücher.

Die Öle

Wir wollen heute Salböle zusammenmischen und anwenden. Damit ihr hernach unter den verschiedenen Duftausrichtungen auswählen könnt, will ich zunächst einiges dazu sagen: Das Öl stammt vom Olivenbaum, der auf dürrem Boden wächst. Er wird einige hundert Jahre als und ist Symbol geistiger Kraft.

Man kann sich hernach immer in ein kleines Schüsselchen etwas Olivenöl eingießen und einige Tropfen von den bereitstehenden Ölen. (nur ätherische Öle verwenden!)

- Zitrone : Ist das frischeste, klarste und „schnellste" Zitrusöl. Besonders bei Hals-Nasen-Ohrenenzündungen.
- Lavendel: Hilft bei nervösen Spannungen, bei Kopfschmerzen und Schlaflosigkeit
- Melisse: Stimmuliert körperlich und geistig, außerdem ist es nervenstärkend.
- Minze: Schafft Selbstvertrauen und belebt, es bringt „inneres Sehvermögen".
- Orange: Schützt die Haut vor Austrocknungen, es lehrt wieder das Lachen.

Salbung der Sinne
Wer das hernach machen will, nimmt Öl, mischt eine Duftnote dazu, z.B. Minze für das innere Sehvermögen. Dann gehst du auf andere im Kreis zu und ihr beide salbt euch dann gegenseitig die Augenlider.

•

Wir beginnen mit den Augen.
In der Off. 3,18 lesen wir: „Kaufe Salbe für deine Augen, damit du sehen kannst".

•

Die Hände. Werden die Hände gesalbt, dann werden sie geschmeidig und zart.
„Sie wusch ihren Körper mit Wasser und salbte sich mit einer wohlriechenden Salbe". (Judit 10,3)

•

Die Ohren. Die meisten Öle haben lindernde Kräfe.
„Ist einer von euch krank...(dann sollen sie ihn) im Namen des Herrn mit Öl salben.

•

Den Mund. Auch über die Haut nimmt der Körper Nähr- und Aufbaustoffe auf.
„Wenn du aber fastest, dann salbe dein Haupt". (Mt. 6,17)

•

Nase. Nehmt einen Duftstoff, den ihr mögt und laßt andere daran riechen!
„Sie trocknete seine Füße mit ihrem Haar, küßte sie und salbte sie mit Öl" (Lk 7,38)

Segen
Jemanden salben gilt seit jeher als Zeichen der Verehrung und Zuneigung. Jesus selbst ist der Messias; das heißt, der Gesalbte.
„Der Geist des Herrn ruht auf mir, denn der Herr hat mich gesalbt". (Lk 4,16)
Nehmt Öl und salbt euch gegenseitig auf die Stirn!

Perle

Viele kleine Steine liegen in der Mitte des Raumes: verschiedenfarbig, mit Muster, besondere Formen und dgl.

1. Schatzsuche
Hier liegen viele verschiedene Steinchen. Sucht euch eines aus, das euch gefällt.

2. Geschichte
Der Guru saß in Meditation versunken am Ufer eines Flusses, als ein Schüler ihm zwei große Perlen als Zeichen der Verehrung und Ergebenheit vor die Füße legte.
Der Guru öffnete die Augen, hob eine der Perlen auf und hielt sie so nachlässig in der Hand, daß sie herausrutschte und die Böschung hinunter in den Fluß rollte.
Der entsetzte Schüler tauchte sofort nach der Perle, aber obwohl er es bis spät in den Abend hinein immer wieder versuchte, hatte er kein Glück. Schließlich weckte er den Guru aus seiner Meditation, naß und erschöpft wie er war, und sagte:" Ihr habt die Perle fallen sehen, zeigt mir genau, wo, dann kann ich sie für euch wiederfinden".
Der Guru hob die zweite Perle auf, warf sie in den Fluß und sagte: „Genau dort".
(Anthony de Mello)

3. Hintergrund
Es hat den Augenschein, als würde der Guru den Schüler nicht ernst nehmen und auch nicht diesen kostbaren Schatz.
Aber vielleicht will die Geschichte uns sagen, daß etwas noch so Kostbares für jemanden wenig bedeutet, wenn er dazu keine Beziehung hat. Die Perle kann für jemanden kostbar sein und für einen anderen Menschen nur ein toter, kalter Stein

4. Perle und Stein

Eine Perle entsteht dadurch, daß ein Steinchen in das Innere einer Perlmuschel dringt und dann im Laufe der Jahre mit einer Schalensubstanz verändert und abgekapselt wird. Wer eine solche Perle findet, hält etwas Kostbares in der Hand.
Auch du hast dir einen Stein gesucht, der dir besonders zusagte. Er hat etwas mit dir zu tun, weil er deinem Geschmack entspricht. Wenn du beispielsweise einen Bergkristall bei einer Bergwanderung finden würdest, dann hätte dieser einen höheren Wert für dich als einer, den du dir im Geschäft kaufst. Der Stein, den du dir vorhin genommen hast, stellt somit einen Schatz, eine Perle für dich dar.
Vielleicht ist der Guru in unserer Geschichte ein wahrer Meister, der die Menschen dazu bringen will, sich die Schätze für ihr Leben selbst zu suchen, statt daß sie einem in den Schoß fallen.

Matthäus 13,45
Auch ist es mit dem Himmelreich wie mit einem Kaufmann, der schöne Perlen suchte. Als er eine besonders wertvolle Perle fand, verkaufte er alles, was er besaß, und kaufte sie.

Quelle

Zugang

Gerade weil unsere Umwelt immer mehr in Gefahr ist, gewinnt die wasserspendende Quelle an Bedeutung. Wir brauchen das unbelastete Wasser und die Wasserquellen aus der Tiefe unserer Erde.
Die Quelle war schon immer ein Symbol lebensspendender Kräfte und Sinnbild der Reinheit und des fruchtbaren Überflusses. An Quellen und Brunnen machten schon viele Menschen Gotteserfahrungen, so z.b. auch die Frau am Jakobsbrunnen (vgl. Jh 4,5-30); auch konnten die Menschen in spiegelnden Wassern schon immer sich selbst sehen. Das führt uns auf die Spur, daß Selbst- und Gotteserkenntnis miteinander verwoben sind und daß der Mensch selbst Quelle sein kann: „Wer an mich glaubt, von dessen Leib werden Ströme des lebendigen Wassers fließen" (Jh 7,38)

Imagination

Wir sitzen oder liegen entspannt und gehen mit unseren Gedanken in eine einsame Berglandschaft oder in eine Wüste. Schon einen ganzen Tag lang sind wir gewandert. Die Sonne brennt auf unseren Körper, die Wasserflasche ist seit vielen Stunden leer. Kein Wasser weit und breit, die Zunge klebt schon am Gaumen.
Endlich kommen wir zu einer Wasserstelle. Es sind drei kleine Quellen. Du darfst aber nur von einer trinken. Wenn du von der ersten Quelle trinkst, dann wird dir bis ins hohe Alter Dynamik und Geisteskraft gegeben.

Die zweite Quelle sagt dir zu, für das ganze Leben ausgesorgt zu haben. Bei der dritten Quelle darfst du selbst wählen, was aus der Quelle kommt.

Denke nach und entscheide dich für eine Quelle!

Wer mag, kann seine Entscheidung im Kreis mitteilen und begründen.,
- Aussagen - Begründungen - Nachfragen - Nachdenken -

Zum Weiterdenken:

Die Mystikerin Mechthild von Magdeburg legt Gott die Worte in den Mund: „Ich bin ein ausfließender Brunnen, den niemand erschöpfen kann." Das läßt uns erahnen: Weil jede gute Quelle frisches Wasser bringt, das sich erneuert hat, hat auch Gott nichts Starres und Festgelegtes; er stellt sich vielmehr als eine dynamische und fließende Kraft dar, die sich immer neu und immer anders dem Menschen zuwendet.

Abschluß

Lied: Alle meine Quellen entspringen in dir
Sr. Leonore Heinzl

Rad

Bereitung
Das Rad wird von den meisten Menschen nicht mehr so elementar wie früher erlebt. Die Räder am Auto bringen nicht mehr so den eigentlichen Zugang zu einem Rad und viele andere Räder sind hinter Stahl- und Plastikverkleidungen gesichert. Wo es möglich und bzw. oder gegeben erscheint, sollte für diese Meditation ein Holz- oder Eisenrad genommen werden. Ansonsten erstellt man einfachheitshalber zwei Räder aus Pappe und zwar als Zahnräder mit unterschiedlichen Größen. Gegebenenfalls kann auch ein auf den Kopf gestelltes Fahrrad verwendet werden.

Nabe, Speichen und Reifen
Wir lassen zunächst einmal die einzelnen Funktionen der Radteile auf uns wirken.

Reifen:
Er faßt alle Speichen zusammen und gleicht den Druck aus. Er ist Auflagefläche und/oder Kontaktfläche zu Boden oder anderen Rädern.

Speichen:
Sie halten Spannung und Druck aus und sie schaffen Verbindung von außen nach innen. Was könnten bei mir Verbindungen zwischen außen und innen sein, zwischen Erleben und meiner Mitte?

Nabe
Das Rad dreht sich immer um den Mittelpunkt. Nicht die Nabe ist schuld, wenn ein Rad holpert, sondern mögliche Unebenheiten der Auflagefläche des Reifens.
Was mute ich mit den Unebenheiten meines Lebens der Mitte alles zu?

Das Rad insgesamt
Das Rad will rollen. Es kann nach links und nach rechts rollen. Je schneller sich das Rad dreht, desto stärker ist die Fliehkraft.
Wie steht es mit meiner Balance zwischen der Anbindung an meine Mitte und den Fliehkräften meines Alltags?

Kraft und Antrieb
Irgendwoher kommt die Kraft, die ein Rad bewegt. Selbst wenn ein Rad den Berg hinunterrollt, dann steckt eine Kraftquelle dahinter.
Wir legen an unser Rad ein zweites an. Beide Räder verzahnen sich und Kraft wird von einem Rad auf das andere übertragen. Dabei wissen wir immer noch nicht, ob der Antrieb über die Nabe des ersten Rades kommt oder von dem zweiten Rad.

Abschluß
Der Reifen eines Rades wird gehalten von den Speichen, aber das Leere zwischen ihnen ist das Sinnvolle beim Gebrauch
Lao-Tse

Regenbogen

Schau den Regenbogen!
Wenn ein Regenbogenbild (Dia oder Poster) zur Verfügung steht, betrachten wir es.
Wenn nicht, sollen alle die Augen schließen und sich einen Regenbogen vorstellen: Nach dem Regen in einer schönen Landschaft, wie ein beschützender Bogen, die Farben tauchen in den nahen Berghang, ich sehe die Farben: Rot, Orange, Gelb, Grün, Blau, Indigo, Violett. Dazu hören wir Musik.

Mal-Impuls
Wir können jetzt diesen Regenbogen malen. Alle sind dazu herzlich eingeladen.
Zunächst sollen alle der Reihe nach sagen, mit welcher Farbe sie malen wollen und warum; z.B. „Ich möchte die Farbe Blau, weil diese etwas mit dem Himmel zu tun hat".
Sind es mehr Personen, so können auch zwei oder drei miteinander malen.
Ein großes Blatt, z.B. Makulatur, steht zur Verfügung, ebenso Fingermalfarben oder Wachsmalkreiden. Auch ein Bettuch und Stoffmalfarben können verwendet werden.

Regenbogen-Betrachtung
- Der Regenbogen ist für mich ... Alle schauen auf den gemalten Regenbogen und sind eingeladen, Empfindungen, Vorstellungen und Traumaussagen zu bringen.
- Jede Farbe ist auf ihre Weise schön. Jede Farbe und jeder Mensch sind wichtig. Es soll deutlich werden, daß die Menschen wie auch die Farben unterschiedlich sind, aber im Zusammenspiel eine farbenfrohe Harmonie ergeben.
- Der Regenbogen ist ein Symbol des Friedens und der Harmonie. Er stellt eine Brücke zwischen Himmel und Erde dar.

Abschlußgedanken:
Die Arbeit läuft nicht davon, während du dem Kind den Regenbogen zeigst, aber der Regenbogen wartet nicht, bis du mit deiner Arbeit fertig bist.
unbekannt

Ring

Die TeilnehmerInnen sitzen im Kreis, damit die „Ring-Form" zum Ausdruck kommt.

1. Bekenntnis
Ich möchte euch meinen Ring zeigen und auch die Geschichte dazu erzählen.
Zum Beispiel:
Diesen Ring bekam ich zu meinem 18. Geburtstag von meiner Mutter geschenkt. Diese hat ihn wiederum von meiner Großmutter. Als mein Großvater bei einem Feldzug von einer Granate tötlich getroffen wurde, schickten seine Kameraden diesen Ring an seine Frau, meine verstorbene Großmutter, die diesen Ring umarbeiten und mit einem Juwel aus ihrem Schmuckkästchen versehen ließ.
Dieser Ring ist mir viel wert, weil ich meine Oma ganz gern hatte und das bis heute.

Wer von euch einen Ring hat und mag, kann auch einen Ring zeigen und über Herkunft und Hintergrund reden.

2. Geschichte:
Der zerbrochene Ring
Eine Sage erzählt: Ein Ritter zog ins Heilige Land. Beim Abschied brach er einen Ring entzwei und gab eine Hälfte des Ringes seiner Geliebten.
Die Jahre zogen ins Land, und niemand hörte mehr etwas über den Verbleib des Ritters. Nun sollte das edle Fräulein einen anderen freien und ein Fest wurde angerichtet. Viele Menschen wurden zur Hochzeit geladen. Zuletzt kam ein ausgemergelter, lästiger Krüppel. Man wollte ihn wegjagen, aber er bestand darauf, von der Braut empfangen zu werden.
So wurde sie gerufen und der Krüppel reichte ihr einen Becher mit Wein. Die Braut trank davon und entdeckte schließlich am Bechergrund die Hälfte eines Ringes. Sie blickte erschrocken auf, und eine alsbaldige Probe ergab, daß die beiden Ringhälften zusammengehörten. So erkannte sie ihren totgeglaubten Geliebten wieder.
(Nach einer alten Sage)

3. Vertiefung

Ein Ring hat keinen Anfang und kein Ende und gilt daher als ein Symbol der unendlichen Liebe. Den Wert eines Ringes verdeutlichen auch zwei Gegebenheiten aus der Vergangenheit: Zum einen war das Tragen eines Ringes das Vorrecht des freien Mannes. In Rom waren goldene Ringe als besondere Würdezeichen den Senatoren und Jupiterpriestern vorbehalten.

Aber auch der Siegelring hatte hohe Bedeutung: Der Siegel war etwas Persönliches, war dem Besitzer vorbehalten und bedeutete daher die Unantastbarkeit für andere.

4. Betrachtung

Der Ring stellt also etwas ganz Persönliches dar. Die meisten Menschen wollen ihren Ring nicht gerne ausleihen oder zum Anprobieren weggeben. Durch das Tragen eines Ringes will man aber dennoch zeigen, daß man mit etwas Wichtigem verbunden ist.

Ich lade dazu ein, einen Ring vom Finger zu ziehen und diesen auf eine Hand zu legen. Dann kann man herumgehen und allen anderen seinen Ring zeigen. Achtet dabei darauf, dieses persönliche Stück nicht zu berühren, ohne den oder die BesitzerIn vorher zu fragen.

Salz

Ohne Geschmack

Einen Tag oder einige Stunden vorher wird Brot ohne Salzzusatz gebacken. Das Brot wird in Scheiben geschnitten und an alle ausgeteilt. Wir möchten heute das Salz in den Mitterpunkt unserer Meditation stellen. Deshalb bitten wir euch, dieses Brot zu probieren, das ohne Salz gebacken wurde.
- Empfindungen, Gedankenaustausch -

Märchen

Ein König fragt seine Töchter, wie sehr sie ihn lieb hätten. Die Jüngste gibt zur Antwort, daß sie ihn „wie Salz" liebe. Der König wird daraufhin wütend und jagt sie aus dem Haus. Nach langer Zeit ist der königliche Vater bei der unerkannten Tochter zu Gast. Sie setzt ihm ungesalzene und ungewürzte Speise vor. Auf seine erstaunte Nachfrage hin gibt sie sich zu erkennen und sagt ihm, daß sie den Vater habe fühlen lassen wollen, wie wichtig das Salz ist und wie lieb sie ihren Vater hatte, als sie ihn mit dem Salz verglich.

Salzprobe

Zunächst sollen alle ein Körnchen Salz nehmen, auf der Zunge zergehen lassen und seine Würze spüren.
Dann wird nocheinmal Brot ausgeteilt. Alle streuen sich dazu Salz auf die Brotscheiben und essen dann. Das soll schweigend geschehen. Während des Eßvorganges werden nachfolgende Texte gelesen:
Brot und Salz waren schon immer ein Zeichen der Gastfreundschaft und wurde allen Reisenden und Gästen gereicht.

•

Salz wird immer noch als Konservierungsmittel gebraucht und ist für den Nährstoffhaushalt untenbehrlich. Salz hat auch eine reinigende Funktion und kennzeichnet daher auch das geschwisterliche Miteinander im Gespräch. Es ist auch ein Symbol für die geistige Würze.

•

Was Salz noch bedeuten kann:
Eine gesalzene Rede, die Suppe versalzen, Salzwüste, gegen Glatteis das Wegenetz zusalzen,
Bittersalz, Salzfaß, Salzsäule, Totes Meer.

•

„Ihr seid das Salz der Erde" (Mt 5,13)
Ohne Salz bleibt alles alles schal und geschmacklos, verwaschen und unklar. Salz sein meint, die Dinge beim Namen nennen und einstehen für Gerechtigkeit, Konflikte ansprechen, fair austragen und sich für den Frieden einsetzen.

Same

Vorbereitung
In eine Glasschale geben wir 14 Tage bis drei Wochen vorher humushaltige Erde. Zwischen den Glasinnenrand und der Erde legen wir in etwa 2 cm Tiefe Weizenkörner. Die Schale stellen wir an einen warmen und hellen Ort und halten sie immer etwas feucht. Wir können das Austreiben der Körner beobachten. Zur Zeit der Meditation sind Keimling und deutliche Wurzelaustriebe zu beobachten.

1. Teil
Anschauen, nachfragen, darüber reden und staunen.

2. Teil
Wir betrachten das Samenkorn. Eigentlich sieht es schon etwas mitgenommen aus. Es hat alle innewohnende Kraft aufgewendet, daß eine neue Frucht entstehen kann.

Jh. 12,24:
Wenn das Weizenkorn nicht in die Erde fällt und stirbt, bleibt es allein, wenn es aber stirbt, bringt es viele Frucht.
Der Same ist ein Symbol der Zukunft und Hoffnung. Ebenso ein Hinweis auf den Tod und die Auferstehung.

Wir betrachten die Keimwurzeln. Mit einem Vergrößerungsglas könnten wir die sogenannten Wurzelhaare sehen, die die Wasser- und Nährstoffaufnahme übernehmen, wenn das Samenkorn schon abzusterben beginnt.

Jer. 12,2:
Du hast sie eingepflanzt, und sie schlagen Wurzel, sie wachsen heran und bringen auch Frucht.

Wir betrachten den Keimling Noch ganz zart ist dieser junge Keimling. Doch er wird wachsen und Zwischenknotenstücke entwickeln und sein Halm legt sich eine Verstärkungsleiste an. Er wird groß und stark werden; Wind und Sturm können ihn nicht so leicht umlegen. Wenn er erstarkt ist und der Sommer kommt, wird er die Ähre hervorbringen und diese tragen.

Mt 13,8:
Ein anderer Teil schließlich fiel auf guten Boden und brachte Frucht, teils hundertfach, teils sechzigfach, teils dreißigfach.

Lied:
Kleines Senfkorn Hoffnung
Albrecht/Edelkötter

Schale

1. Teil:
Die Urform der Schale
Die Urform der Schale ist die nach oben gerichtete, gewölbte Hand. So kann man Wasser schöpfen und vorübergehend etwas Flüssiges oder Kostbares halten und weitergeben.

Im Vorfeld unserer Meditation üben wir uns ein:
- Alle halten eine Hand als Schale und lassen sich etwas Wasser eingießen. „Gebt gut acht, daß nichts verschüttet!"
- Jetzt soll das Wasser von der einen Hand in die andere gegossen werden und zwar ohne viel Wasserverlust. Wer mag mir zuerst das Wasser in meine Handschale gießen?
- Beide Handflächen nach oben bilden eine Schale. Wir stellen fest, daß es hier ungleich schwerer ist, Wasser für längere Zeit zu halten.
- Wir schütten das (noch verbleibende) Wasser in eine bereitstehende Schale. Dabei kann uns klar werden, wie wertvoll eine Schale ist.

2. Teil:
Zweischalen-Meditation
In der Mitte des Raumes sind zwei Schalen aufeinandergestellt: Eine kleinere Schale steht in einer größeren und flacheren Schale, so daß beide für alle gut sichtbar sind.

- Wir legen jetzt in Gedanken alles in die obere Schale, was wir Schönes im Leben erfahren haben: Begegnungen mit FreundInnen, Hilfen und Ideen, Geschenke und was wir alles gelernt bekommen haben. Alle Freuden unseres Lebens und alle Hoffnungen für unser weiteres Leben.

- 2 Minuten Pause -

Diese Schale ist uns jetzt wichtig geworden. Sie hat wichtige Dinge in unserem Leben aufgenommen und wir sind froh, daß diese Schale nichts verliert oder brüchig ist.

•

Ich werde jetzt viel Wasser in diese Schale gießen. Man kann sehen, wie die Schale überläuft. Die darunterstehende Schale füllt sich mit Wasser. Das kann uns ein Hinweis dafür sein, daß eine volle Schale überläuft und weiterschenken kann.

•

Wenn unsere Schalen gefüllt sind, dann sind wir nicht nur Beschenkte, wir können auch weiterschenken.

Herr, meine Hände sind leer und jeden Tag warten sie darauf, gefüllt zu werden.
Ich selbst bin wie eine offene Schale, leer wie ein Flußbett in Zeiten der Dürre und trocken wie eine Wüste.
Jeden Tag schaue ich von Neuem aus nach der Fülle meines Lebens.
Ich möchte die Kostbarkeiten des heutigen Tages in meine große, offene Schale legen.
Ich werde achtsam sein und das Öl bewahren, für die Hochzeit am Ende der Zeiten.

Schatten

Raum und Ausrichtung
Am besten eignet sich dazu ein länglicher Raum mit folgender Ausrichtung:
Eine Person wird angestrahlt und dessen Schatten fällt auf eine Leinwand. Hinter der Leindwand steht eine Person, die als „Schatten" spricht.

TeilnehmerInnen, Strahler, eine stumme Person, Leinwand, SprecherIn

SprecherIn:
Ich bin dein Schatten. Nicht dein Kurschatten oder sonst was. Ich bin sozusagen dein Schattendasein Bewege einmal einen Arm nach oben! Siehst du, zur selben Zeit mache ich als dein Schatten das mit. Solange du lebst, werde ich dein Schatten sein. Auch wenn es dunkel ist, bin ich da, sozusagen als Nachtschatten. Der Schatten in der Nacht verdeutlicht eigentlich, daß ich deine permanente Gegenwart bin. Du kannst mir nicht entfliehen und ich dir nicht. Probiere es einmal. Geh ein Stück von mir weg. Du siehst, dein Schatten wird sogar noch größer.
Sie alles einmal positiv. Ich bin dein Schatten und kann dir daher in hitzigen Angelegenheiten Schatten spenden; z.B. wenn dich jemand dumm anredet, dann lasse einfach das Licht von oben kommen und ich verstecke mich. Niemand kann dann deinen Schatten sehen. Lasse dich also viel öfter von Gottes Licht bescheinen, wenn es in deinem Leben eng wird!

Noch etwas Gutes von mir: Ich beschatte dich öfter, als du denkst. Sieh das nicht gleich wieder negativ und vermute dahinter nicht so etwas wie einen Detektiv. Stell dir so eine Gestalt wie einen Schutzengel vor. Der gute Geist Gottes überschattet dich bei Tag und Nacht und besonders wenn du gerade mal wieder auf der Schattenseite des Lebens stehst.

Abschluß
Wer im Schutz des Höchsten wohnt und ruht im Schatten des Allmächtigen, der sagt zum Herrn: „Du bist für micht Zuflucht und Burg, mein Gott, dem ich vertraue."
Er rettet dich aus der Schlinge des Jägers und aus allem Verderben. Er beschirmt dich mit seinen Flügeln, unter seinen Schwingen findest du Zuflucht, Schild und Schutz ist dir seine Treue.
Psalm 91

Schlüssel

Schlüssel-Probe
Besonders bei jüngeren TeilnehmerInnen kann dieser kleine Anfangsspaß einen Zugang zum Hintergrund und Symbolgehalt eines Schlüssels finden.
Dazu wird eine kleine „Schatztruhe" aufgestellt und an alle Anwesenden werden Schlüssel ausgegeben. Aber nur einer paßt für das Schloß dieser Schatztruhe.
Wessen Schlüssel paßt, findet einen kleinen Schatz.

Geschichte
Ein Mensch hatte seine Umwelt und die Mitmenschen satt und begab sich in die Kellerräume einer längst verlassenen Fabrik. Dort schweißte er sich aus alten Eisenteilen einen Behälter zusammen und bezog diesen als seine neue Wohnung. Bevor er sich abends zum Schlafen legte, sicherte er immer seinen Bau mit einem Vorhangschloß ab. Eines Abends geschah es, daß ihm nach dem Zusperren von innen der Schlüssel ins Freie fiel...
- Zeit zum Nachdenken -

Wenn es keine Schlüssel gäbe...
Ein großer Schlüssel liegt in der Mitte und wir stellen dann die Frage, was für uns ein Schlüssel bedeutet:

- Er ist Symbol der Gewalt und Herrschaft, steht aber auch für Angst und Rückzugsmöglichkeit.

- Ein Schlüssel öffnet und schließt: einen Zugang eröffnen, sich verschließen.

- Schlüsselerlebenis - Schlüsselkind - Schlüsselzuweisung - Schlüsselgewalt - Schlüsselstellung -

- Jesaia legte seine Vision vom Erlöser dar:
Ich lege ihm den Schlüssel des Hauses David auf die Schulter. Wenn er öffnet, kann niemand schließen; wenn er schließt, kann niemand öffnen.
(Jes 22,22)
In Jesus (und nicht im Apostelamt) liegt die Schlüsselgewalt zum Reich Gottes.

- In einem romantischen, mittelalterlichen Text bekommt der Schlüssel eine besondere Bedeutung:
Ich bin dein, du bist mein,
Des sollst du gewiß sein.
Du bist beschlossen in meinem Herzen;
Verloren ist das Schlüssellein.
Nun mußt du immer drinne sein.
(Liebesreim eines Unbekannten, um 1170)

Schritt

1. Auf Schritt und Tritt
Im Vorfeld der Meditation werden Ton-Aufnahmen gemacht, am besten mit Schuhen, die harte Sohlen aufweisen. Zum Beispiel: über eine Stiege gehen, auf Kies, Schnee, Holzboden, Pflaster... Wir hören uns diese Schritte schweigend an. Es geht nicht darum, die Ausrichtung zu erkennen. Vielmehr sollen das Gehen und die Schritte auf uns wirken.

2. Schritt-Meditation
Bei gedämpfen Licht gehen wir alle mit entsprechendem Abstand im Kreis herum.
- zunächst im ganz langsamen Rhythmus, möglichst im Gleichschritt
- dann nach jedem Schritt zwei Sekunden Pause
- jetzt zwei Schritte tun und dann einmal zurückwiegen
- nächster Schritt: drei Schritte tun und dann einen Schritt zurück
- zwei Schritte vorwärts gehen, dann rechts seitwärts tupfen, und dann links

Wir setzen uns im Kreis. Wer mag, kann in der Runde mitteilen, welche Erfahrungen man bei dieser Schritt-Meditation gemacht hat und welche Gedanken gekommen sind.

3. Schritt für Schritt
- Alle verteilen sich im Raum und gehen schweigend durcheinander. (ca. 1 Minute)
- Wir gehen weiter, aber nun mit verschlossenen Augen. „Geht ganz langsam und vorsichtig! Gib acht, um niemanden zu verletzen!
- Ein letzter Gehversuch: Wir gehen mit verschlossenen Augen rückwärts. Wahrscheinlich müssen wir unser Schrittempo noch mehr verlangsamen, damit diese Rückschritte keine wirklichen Fehltritte werden.
Alle setzen sich schweigend und bei leiser Musik soll diese „Schritt-Meditation" nachklingen.

Lied:
Laß uns in deinem Namen, Herr, die nötigen Schritte tun
K. Rommel

Schweigen

Klärung:
Mir geht es oft so, daß ich nach hitzigen Reden, nach Lärm oder Phrasendrescherei die Ruhe in meinem Zimmer oder bei einem Spaziergang suche. Dann entdecke ich nicht selten, daß vieles unnütz war. Im schweigenden Gehen spüre ich, wie leer es in mir wird. Leere, mit der ich bereit werde, ganz andere Dinge aufzunehmen: die Stimme in mir, meine eigenen Gegenreden, was um mich herum geschieht, Gottes Gegenwart.

Chaos
Ich möchte euch zunächst zu einem Chaos einladen. Ihr sollt alle gleichzeitig kräftig durcheinanderreden. Sagt oder schreit anderen etwas ins Gesicht, das sie ohnehin nicht verstehen werden. Einfach nutzlose Dinge, einfach drauflosreden! Wenn ich an diesem Gong schlage, sollen alle wieder schweigen. Fangt an!

Werdet jetzt ganz still und ruhig. Sucht euch einen Platz im Raum und verharrt eine Minute in Stille.

- eine Minute -

Fragen
Alle schweigen. Ganz still ist es. Tut dir das gut oder kommt Unruhe in dir auf?
•
Höre jetzt auf deine innere Stimme. Welche Bedüfnisse melden sich bei dir?
•
Ist es dir momentan lieber, allein irgendwo zu sitzen oder zu liegen oder würdest du lieber mit denen reden, die mit dir im Chaos waren?
•
Ich möchte euch einladen, noch einige Minuten schweigend zu verharren und dieses Schweigen auch zu genießen.

Sonne

Hinführung
Die Sonne ist für viele Völker Kundgabe und Offenbarung der Gottheit; sie ist unsterblich, da sie sich jeden Morgen neu erhebt. Sie ist Quelle des Lichts, der Wärme und des Lebens.

Geschichte:
Die Seele in die Sonne halten

Ein Mann in Neuguinea blieb immer nach dem Sonntagsgottesdienst auf einem Balken knien, den man dort anstelle eines Knieschemels gebrauchte. Er saß mit gekreuzten Armen da und schaute auf den abgeräumten Altar. Eines Tages fragte ihn der Missionar, was er hier tue. Der antwortete lächelnd: „Ich halte meine Seele in die Sonne."

Das Sonnengebet
In den Morgenstunden stehen wir im Freien und suchen uns einen „Platz an der Sonne".
- Die Sonne steht schon hell am Himmel. Wir nehmen sie bewußt wahr und begrüßen sie.
Dabei drehen wir uns der Sonne zu, damit sie uns ins Gesicht scheinen kann.
„Unser Gott, wir dürfen das Licht deines Universums schauen. Mit deinem Glanz sollst du unseren Tag erhellen."
-

Wir erheben beiden Hände.
„Wir strecken unsere Arme dir entgegen. Du bist unsere Sehnsucht nach langen Nebeltagen, du bist die Hoffnung der Kranken, du bist uns Wärme und Energiespenderin. Du bist der Inbegriff für ein Leben in Harmonie."
-
Wir drehen uns gen Osten, wo die Sonne heute früh aufgegangen ist. Wir falten dabei die Hände über dem Kopf. (und wer kann, legt die Sohle des linken Fußes an die rechte Wade).
„Die aufgehende Sonne erinnert uns an die Auferstehung des Lebens und an unsere eigene Auferstehung. Auferstehung von dem, was uns niederdrückt; Auferstehung zu einem Leben in Fülle."
-
Wir halten beide Hände seitlich mit der Handfläche nach unten.
„Es sei gesegnet das ganze Firmament, Berge und Mineralien, Flüsse und Meere, alle lebenden Menschen, die geborenen und die ungeborenen und auch die toten.

Lied:
„Gottes Liebe ist wie die Sonne"
Singende Gemeinde, Wuppertal

Sonnenblume

Voraussetzungen
Am besten wählt man dazu die Sommer- und Herbstzeit und begibt sich zu dieser Sonnenblumen-Meditation in einen Garten mit Sonnenblumen und das nach Möglichkeit tagsüber.
Je nach Möglichkeit können auch im Vorfeld Sonnenblumen in verschiedenen Wachstumsstadien vorbereitet sein: Keimling, kleine Pflanze, ungeöffnete und geöffnete Sonnenblumen, abgeblühte und samentragende Sonnenblumen.
Alle stehen um bzw. vor einer großen, prächtigen Sonnenblume. Wenn es möglich ist, können auch für alle Sonnenblumen ausgeteilt werden.

Sonnenblumen-Meditation
Eine Sonnenblume erinnert uns auch vom Aussehen und der Form nach an die Sonne. In der Tat hat die Sonnenblume viel mit der Sonne zu tun: Besonders die einstengeligen Sonnenblumen drehen sich mit der Sonne, d.h. am Morgen stehen sie mit dem Blütenkreis nach Osten und abends dem Westen zugeneigt.

•

Wenn man die Sonnenblumen abschneidet und in eine Vase steckt, dann verwelken diese Blumen sehr rasch.
Mehr als alle anderen Blumen braucht die Sonnenblume Sonne, Wärme und Licht. Auch wir Menschen sehnen uns danach. Ich denke hier an sonnenhungrige Menschen, die das Gesicht so neigen, daß sie die volle Sonnenkraft aufnehmen können.

Wir schauen uns jetzt eine Sonnenblume mit noch geschlossener Blüte an und dann eine, die schon Samen trägt.
Wenn sich die Samen gut entwickelt haben, dann beugt sich der Blütenkreis nach unten, damit alle Samen gut austrocknen und leichter zur Erde fallen können, wenn die Zeit gekommen ist.

•

Ich habe vorher von dieser Sonnenblume die Samen gezählt. Es sind über 500 Samenkörner. Aus einem einzigen Samenkorn sind soviele neue Samen entstanden.
Aus diesen 500 Samenkörnern könnten nächstes Jahr 250 000 Sonnenblumen wachsen. Dieser Garten würde dazu bei weitem nicht ausreichen.

•

Die Samen stehen im Winter der Vogelwelt zur Verfügung. Die Menschen machen daraus das Sonnenblumenöl, ein Sonnenblumenbrot und vieles andere mehr.
Wir haben Sonnenblumen-Brot gebacken und ich möchte euch dazu einladen, „das Brot der Sonne" zu probieren.

Spiegel

Ohne vorher das Thema zu nennen, werden die Anwesenden gebeten, einzeln und nacheinander in das Nebenzimmer zu kommen. Dort sei das „Bild eines wichtigen Menschen" zu sehen. Im Nebenzimmer läßt man die Person zunächst nahe an ein verhülltes „Bild" treten. Die Verhüllung wird abgenommen und gesehen wird ein Spiegel - und sich selber.

Reflexion
Du selbst bist dieser wichtige Mensch! Das Wort Spiegel bedeutet soviel wie „Abbild" und „sehen". Wir erinnern uns an „Schneewittchen" und an die Frage, die die eitle Königin stellt: Wer ist die Schönste im Lande? Der Spiegel sagt immer die Wahrheit. Das wissen wir auch von „Eulenspiegel", der die Innen- und Außenseiten deutlich macht (Eule =(mhd) inle=nachahmenden Ursprungs. Zu Königszeiten hatte ein sogenannter Hofnarr diese Aufgabe. Er mußte als „Hofphilosoph" immer wieder dem König die Wahrheit sagen, was manchen allerdings den Kopf kostete. Andererseits hatte er aber auch eine gewisse „Narrenfreiheit", denn ein kluger König schätzte den Wert eines „Spiegelbildes".

Spieglein an der Wand
Spieglein, Spieglein an der Wand,
sag mir, wer bin ich in diesem Land?
Du spiegelst mir mein Ich
doch wer bin wirklich? frag ich mich.

Spieglein, Spieglein an der Wand
ich halte meinem Gegenüber stand.
Spiegelung und Fata morgana brauch ich nicht
nur mein Spiegelbild mit Innensicht.

Korinther, 3.18
Wir alle spiegeln mit enthülltem Angesicht die Herrlichkeit des Herrn wider und werden so in sein eigenes Bild verwandelt, von Herrlichkeit zu Herrlichkeit, durch den Geist des Herrn.

Spirale

Die Spirale zählt zu den positiven Symbolen mit psychischer Dynamik. Nicht wie in der Kreisbewegung, die immer wieder zum Ausgangspunkt zurückkehrt, führt die Spirale einwärts zum Zentrum

Spiralentanz
Wir bilden einen Kreis von 8 - 30 Personen.
Eine Musik mit langsamen Rhythmus begleitet uns.
Oder wir singen dazu ein uns bekanntes Lied mit verhaltenem Tempo
Das Schreiten muß dabei mindestens halb so schnell sein, wie normales Gehen.
Ich öffne den Kreis und drehe eine Spirale.
Innen angekommen, drehe ich so, daß sich die „Tanzschlange" wieder nach außen bewegt.

Drei-Ebenen-Spirale
Wir wiederholen den oben beschriebenen Tanz.
Dreimal halten wir aber inne, um die Ebenen aufzunehmen und zu meditieren.
1. Ebene: natürlich-irdisch
Wir schreiten im Kreis und bleiben dann stehen.
„Wenn wir so in diesem Kreis stehen, dann wird uns das Leben in seiner Ganzheit bewußt. Dieser kosmische Urkreis ist ein Sinnbild des In-sich-Geschlossenseins, des Unendlichen und Ewigen."

2. Ebene: innerseelische-persönliche
Mit langsamen Schritt gehen wir die Spirale nach innen. Wenn die erste Person innen angekommen ist, bleiben wir wiederum stehen.
„Immer drängt es den Menschen, mit seiner Lebensgeschichte in die Dimensionen über das natürliche Vorgegebene hinaus zu gehen. Auf diese Weise kann der Mensch sich und seine Lebenssituation mitverwandeln."
3. Ebene: die universielle
Wir schreiten im Tanzschritt weiter, bis die Spitze wieder im Außenkreis angekommen ist.
„Manchmal führt uns das Leben in die Mitte, zum Zentrum und den Ort universaler Göttlichkeit.
Aber es gibt kein Ausruhen in dieser Bewegung.
Mit der Kraft aus der Mitte kehren wir zu unserem natürlichen Lebenskreis zurück."

Lied zum Abschluß:
„Ausgang und Eingang, Anfang und Ende, liegen bei bei dir, Herr, füll du uns die Hände."
Joachim Schwarz

Stein

Eine Stunde vorher werden eiergroße Steine in den Kühlschrank gelegt, damit sich diese ganz kalt anfühlen.

Der Stein der Kälte
Nimm diesen Stein in die Hand und fühle ihn. Er ist kalt und wirkt leblos. Ich möchte euch darum bitten, in einigen Minuten diesen Stein mit euerer Hand zu erwärmen. In der Zeit aber, in der wir die Kälte des Steines spüren, möchte ich dazu einladen, Eindrücke und Einfälle hier auszusprechen. Eine Möglichkeit dazu wäre, dies anhand von Redensarten zu tun:
Steinhart: (Geiz, stures Verhalten, unverwüstlich...)
Steinreich: (das viele Geld macht oft hartherzig, Geld ist wertlos wie Stein...)
Ein Herz aus **Stein**: (Gefühllosigkeit, für eine gute Sache nicht zu bewegen...)
Steinbruch...
Steinschleuder...
Steine in den Weg legen...
Auf Granit beißen...

Der Stein der Wärme
Ich denke, daß sich nun die Steine in eueren Händen erwärmt haben. Darum können wir auch davon sprechen, was mit Steinen Gutes getan werden kann.
Stein des Anstoßes: (Z.B. ein Buch, das zum Mitmachen anregte...)
Den **Stein** ins Rollen bringen: (Ein Leserbrief, der etwas in Rollen brachte...)
Steine aus dem Weg räumen: (Jemandem Schwierigkeiten beseitigen helfen...)
Eck**stein**..
Grenz**stein**...

Abschlußgeschichte
Vinzenz von Paul war einmal zu Gast bei Anna von Österreich, Königin von Frankreich, die eine kostbare Perlenkette trug. Es war die Zeit einer großen Hungersnot und daher sagte Vinzenz von Paul zur Königin: „Majestät, können Sie nicht bewirken, daß diese Steine zu Brot werden?" Die Königin begriff und aus Steinen wurde Brot.

Stern

1 Sternkarte
6 (oder 4) Personen stellen pantomisch etwas dar und eine weitere Person spricht die Texte.

Bild 1
Die Personen stehen im Kreis, zwei stellen sich jeweils gegenüber und deuten schweigend mit einer Hand auf die jeweils gegenüberstehende Person.

Das hat mir nicht gefallen
und das auch nicht
und überhaupt, ich würde
es ganz anders machen.

Bild 2
Alle Personen machen eine halbe Drehung und stehen somit der Person gegenüber, die vorher dahinter stand und deuten wiederum auf die gegenüberstehende Person.

Die von der Allgemeinheit leben,
die Sozialhilfeempfänger und Arbeitslosen.
Die Steuer- und Versicherungsbeträger und noch ganz andere.

Bild 3
In der Mitte steht ein Hocker. Alle drehen sich zur Mitte und zeigen schweigend auf den Hocker.

Die Reichen müßten etwas abgeben
und die Industrie sollte die Luft nicht soviel verpesten
und wenn ich etwas zu sagen hätte,
dann würde ich mal aufräumen.

Bild 4
Die textsprechende Person stellt eine Kerze auf den Hocker und legt Teelichter dazu. Dann zündet sie die große Kerze an. Die im Kreis stehenden Personen schauen gebannt hin. Dann nehmen sie die Teelichter und entzünden diese an der großen Kerze und halten die Teelichter mit ausgestrecktem Arm auf der Handfläche.

Mit dem Licht in der Hand
verschwindet der Zeigefinger.

Bild 5
Alle drehen sich nach außen und gehen dann im Kreis gegen den Uhrzeigersinn. Die rechte Hand mit dem Teelicht wird nach außen gehalten; die linke Hand wird auf die linke Schulter der vorderen Person gelegt. (bei Musik noch etwa eine Minute so weitergehen)
Wiederholdend und meditativ sprechen:
Sterndeuter unter uns!

- *Pause* -

Ein Stern ist aufgegangen.

Tod

Manchmal, aber nur manchmal
denke ich daran, daß ich einmal
sterben muß.
Das ist unausweichlich, der Tod gehört
zum Leben.
Mit diesem meinem Denken
verbinde ich den Wunsch nach einem
schönen Tod:
schmerzlos und schnell; vielleicht
bewußt und
im Kreise lieber Menschen.

Wer bist du Tod?
Du nimmst mein Leben und was gibst
du mir dafür?
Du klopft an und wartest nicht, bis
ich rufe.
Wer hat dir soviel Macht gegeben?

Das Grab
In der Mitte des Raumes wird ein
schwarzes Tuch ausgelegt und darauf
wird eine Kerze gestellt und entzündet.
Nach jedem Absatz wird eine Blume
daraufgelegt.

- Ich werde nicht sterben,
aus, Ende - zappenduster!
Es muß etwas von mir bleiben.
Es muß - es soll - es kann.

- Ich will mich verwandeln,
wie Wasser sich in Luft auflöst
und dennoch nicht verschwindet.

- Das kleine Feuer, das in mir brennt,
soll aufgehen wie ein Lichtstrahl
und ewiges Licht sein.

- Ich will nicht unsterblich sein,
sondern auferstehen.
Auferstehen Jesus, wie du.

- Schon heute will ich aufstehen,
für die Liebe und gegen Ungerechtigkeit,
für mehr Menschlichkeit und gegen
den Tod.

Abchlußgedanken
Sie verstanden, daß der Tod nicht das
wichtigste ist, daß es viel wichtiger ist,
wie man stirbt und wofür.
*Maria Kann, eine zeitgenössische
Beobachterin des Warschauer Aufstandes*

Ton

Wir stimmen uns ein:
Nüchtern gessagt ist der Ton ein Gehörseindruck durch Luftschwingungen.
•
Mit der Umgangsweisheit „Der Ton macht die Musik" wird jedoch deutlich, daß der Ton mehr ist als eine hörbare Erscheinung.
•
Manche Menschen sind tonlos, andere tonangebend und wieder andere reden wie ein „tönendes Erz und eine klingende Schelle" (1. Kor. 13,1).

Wir probieren ein „Musikmeer":
(der Raum soll eine gute Akustik aufweisen, z.B. kleine Kirche)

Viele Menschen fixieren sich beim Singen zu sehr auf den Kehlkopf. Jedoch ist beim Singen der ganze Körper mit eingeschlossen und somit Resonanzkörper. Läßt man einen Ton aus dem Körper kommen und sich dabei vom Gefühl her leiten, so nennt man das „Tönen".
Es geht dabei nicht darum, daß ein schöner und perfekter Gesangston zu hören ist.

Wir tönen alle miteinander das „u"
Wir spüren das „u" im Beckenbereich.
•
Das „o"
Das „o" spüren wir im Bauchraum.
•
Wir tönen alle miteinander das „a"
Wir spüren, daß dieses „a" in unserer Brust beheimatet ist.
•
Jetzt das „e".
Es hat seinen Sitz im Schulterraum.
•
Das „i".
Wir spüren, wie das „i" aus der Verlängerung zwischen Nase und Stirn kommt.
•
Sicher habt ihr den Ton gefunden, der euch am meisten liegt. Summt diesen Ton allein oder gleichzeitig mit anderen. Ihr könnt auch zwischendurch wechseln.
- ca. 5 Minuten -

Wir kommen zum hinduistischen Mantra: „Om"
Nach Tagore ist das „der vollkommenste Laut, der die Ganzheit aller Dinge darstellt, als symbolisches Wort für das Unendliche, Vollkommene, Ewige". Er ist die Einheit der Faktoren für Bewußtsein und Dasein, ein Weg zum ich-befreiten Geist. Dieses „Om" ist wie jedes Mantra die Essenz von Klang und die Verkörperung der Wahrheit in der Form von Klang. Jede Silbe ist durchdrungen von spiritueller Kraft und der Geist zirkuliert auf der feinstofflichen Energie des Atems (nach Sogyal Rinpoche)
Wir singen dieses „om" meditativ-rhythmisch: Gemeinsam und in Vielfalt.

Tür

Es soll ein größerer Raum zur Verfügung stehen.

Einführung
Eine Türe hat zwei Aspekte: aufmachen und zumachen.
zumachen heißt hineingehen, sich abschließen, Ruhe, Geborgenheit, bei sich sein.
hinausgehen heißt offen sein, aus sich herausgehen, aufbrechen.
Ich selbst bin schon viele Türen gegangen. Mitmenschen haben mir Türen geöffnet oder waren für mich eine Tür. Ich selbst war und bin auch manchmal eine Tür für andere.

Ich bin eine Türe
Die TeilnehmerInnen treffen sich auf einer Seite des Raumes. Vervielfältigte Türmotive werden ausgegeben und Stifte liegen bereit. Alle werden gebeten, auf die linke Flügeltüre aufzuschreiben: Wer war für mich Türe?
Auf der linken Flügeltüre soll aufgeschrieben werden: Für wen war oder bin ich Türe?
(keine Namen dazuschreiben! Zettel zusammenlegen und einsammeln)

Türaktion
In der Mitte des Raumes wird eine Tür gebildet. Entweder zwei Personen stellen diese dar, oder ein alter Türrahmen wird aufgestellt.
Alle Teilnehmer sollen jetzt durch diese Tür gehen und somit in die andere Hälte des Raumes. Das soll langsam und meditativ geschehen. Die Inhalte der Zettel werden dabei vorgelesen.
Im zweiten Teil des Raumes sollen sich alle im Kreis einfinden. Es soll noch Gelegenheit sein, Eindrücke und Einfälle zum Ausdruck zu bringen.

Abschluß
• Lied: Macht hoch die Tür GL
• Türtanz: Alle stehen paarweise im Kreis, fassen sich an beiden Händen und halten diese wie zu einem Türbogen nach oben. Dadurch entsteht ein langer „Türbogen-Gang". Ein Paar beginnt, nimmt normale Rundtanzfassung ein und hüpft so etwas gebeugt durch die lange Torreihe. Das nächste Paar schließt sogleich an. Am Ende angekommen, stellt sich jedes Paar wieder mit „Torfassung" hin, damit Nachkommende passieren können. Eine flotte Musik kann diesen „Türtanz" begleiten.

Wasser

Motivation

Die Symbolkraft des Wasser besteht in ihrer reinigenden Wirkung. Daher haben viele Kulturen und Religionen das Wasser für kultische Zwecke und liturgische Handlungen genommen. Im Christentum haben das Taufwasser und das Weihwasser besondere Bedeutung. War den Juden noch das Waschritual vor dem Essen wichtig, so bekommt das Wasser nach Christus eine neue Bedeutung: „...laßt uns mit aufrichtigem Herzen und in voller Gewißheit des Glaubens hintreten, das Herz durch Besprengung gereinigt vom schlechten Gewissen und den Leib gewaschen mit reinem Wasser." (Hebr. 10,22)

Reinigung

Es stehen bereit: ein Behälter mit etwas angefeuchteter Erde, mehrere Behälter mit Wasser

Wir Menschen sind dieser Erde mit allem Guten und Bösen verbunden. Auf dieser Welt ist ein Leben ohne Fehler nicht möglich und wir machen uns - im übertragenen Sinne - auch oft die Hände schmutzig. Damit uns das auch richtig bewußt werden kann, möchte ich dazu einladen, die etwas angefeuchte Erde in dem einen Behälter so zu berühren oder mit den Händen so hineinzugreifen, daß sie schmutzig werden.

Immer wieder machen wir uns die Hände schmutzig. Aber es drängt uns auch immer wieder nach Reinigung. Geht zum Wasserbehälter und wascht euch die Hände. Ich lese währenddessen passende Schriftstellen.
• So spricht der Herr: Ich mache dieses Wasser gesund. Es wird keinen Tod und keine Fehlgeburt mehr verursachen. (2. Kö. 2,21)
• Er läßt mich lagern auf grünen Auen und führt mich zum Ruheplatz am Wasser. (Ps 23,2)
• Wie der Hirsch lechzt nach frischem Wasser, so lechzt meine Seele, Gott, nach dir. Meine Seele dürstet nach Gott, nach dem lebendigen Gott. (Ps 42 2-3)
• Ihr werdet Wasser schöpfen voll Freude aus den Quellen des Heils. (Jes 12,3)
• Denn ich gieße Wasser auf den dürstenden Boden, rieselnde Bäche auf das trockene Land (Jes 44,3)
• Ich will reines Wasser über euch sprengen. (Hes 36,25)
• Ich taufe euch nur mit Wasser (zum Zeichen) der Umkehr. Der aber, der nach mir kommt, ist stärker als ich, und ich bin es nicht wert, ihm die Schuhe auszuziehen. Er wird euch mit dem Heiligen Geist und mit Feuer taufen. (Mt 3,11)
• Herr, du hast kein Schöpfgefäß, und der Brunnen ist tief; woher hast du also das lebendige Wasser? (Jh 4,11)
• Aus meinem Inneren werden Ströme von lebendigem Wasser fließen. (Jh 7,38)

Wassersegen
Kleine Becher mit Wasser stehen bereit. Nehmt einen Becher mit Wasser, geht im Raum umher und benetzt euch gegenseitig mit Wasser. Entweder auf die Stirn, Hand oder auch anderswo. Sagt dazu den Segenswunsch: Sei gesegnet mit lebendigem Wasser".

(Wasser anschließend nicht in den Abfluß schütten, sondern in die Natur!)

Weg

Hinführung
Ein afrikanisches Sprichwort sagt: „Zu Bäumen, die keine Früchte tragen, führt kein Weg". Ein Weg entsteht also immer, wenn es ein Ziel gibt, zu dem man gehen will. Wir können somit die Frage stellen, welcher Weg uns momentan oder welche Wege uns für den heutigen Tag wichtig sind.

Ein wichtiger Weg
Jeder Mensch hat jeden Tag viele wichtige Wege zurückzulegen. Für unsere Meditationsausrichtung haben wir uns das so vorgestellt, daß uns jetzt der Weg wichtig ist, den wir gleich im Anschluß miteinander gehen wollen. Es ist der Weg von diesem Raum zu dem Ort, in dem wir noch beim Essen und Trinken zusammensitzen wollen. Im christlichen Bereich nennt man das Agape, das heißt Liebesmahl.
Wir wollen diesen Weg ganz bewußt gehen und wir können sagen, daß wir dabei auf dem rechten Weg sind, weil wir in Gemeinschaft gehen und nachher in Geschwisterlichkeit beisammen sein werden.

Segensgebet auf dem Weg
Möge dein Weg
dir stets entgegenkommen,
der Wind dir stets
im Rücken sein.
Möge die Sonne
dein Gesicht erwärmen,
der Regen sanft auf deine Felder fallen
und, bis wir uns wiedersehen
halte Gott dich
in seiner Hand.
Alter Segensspruch, Irland

Der Weg
Wir gehen jetzt den Weg, unseren Weg. Wir gehen zunächst im Außenbereich dieses Raumes herum und dann durch die Tür zu unserem Agape-Raum. Wir gehen langsam und meditierend: Nach jeden Schritt, den wir machen, wiegen wir einmal zurück. Dabei halten wir Stille und passen uns dem Rhythmus der Musik an. Wir nehmen uns an den Händen (oder jeweils rechte Hand auf die linke Schulter der vorderen Person legen, die linke Hand trägt ein brennendes Teelicht)

Wegweiser

Wir haben uns für heute das Thema „Wegweiser" gewählt. Ich möchte euch einladen, sich mit mir auf eine kleine Traumreise zu begeben.

Schließt bitte dazu die Augen!

Für einige Zeit möchtest du von zuhause weggehen. Du hast schon alles vorbereitet und bist gerade dabei, das Haus zu verlassen. Jemand aus deinem engeren Kreise begleitet dich an die Haustüre. Es können deine Eltern sein, dein Freund oder deine Freundin oder eine andere Person, die dir nahesteht. Diese Person überreicht dir zum Abschied eine selbsterstellte Landkarte, die zusammengerollt und verschnürt ist. Es handelt sich nicht um eine übliche Landkarte, vielmehr hat dir die nahestehende Person Wege eingezeichnet.
Du nimmst Abschied und gehst ein Stück des Weges. Bald kommst du an eine große Kreuzung und du sollst dich entscheiden, welchen Weg du nimmst. Natürlich erinnerst du dich an die Wegevorschläge auf der Landkarte. Du holst diese aus der Tasche und du bist schon ganz gespannt, welche Wege vorgeschlagen werden. Und du stellst fest, daß es ganz verschiedene und auch eigenartige Wege sind. Es sind Wegweiser für deine berufliche Situation, für die Partnersuche; Wegweiser für ein bestimmtes Haus und eine bestimmte Stadt; Wegweiser für deine Gesundheit und viele andere Wegweiser.

Was sagen die Wegweiser? Prüfe, ob du diese gehen willst oder nicht!

- *3 Minuten Stille* -

Aussprache, Mitteilungen
Wer will, kann seine „Wegweiser" im Kreis mitteilen. Es sollen keine Diskussion oder Gegenreden stattfinden.

Impulse zum Weiterdenken:
- Wer im falschen Zug sitzt, dem hilft es nichts, im Gang in die richtige Richtung zu gehen.
  Dietrich Bonhoeffer
- Man kann auf dem richtigen Weg sein, doch nicht der richtig Mann für den Weg. *Chinesische Weisheit*
- Was das Leben ausmacht, sind nicht die Ziele, sondern die Wege zum Ziel.
  Peter Bamm
- Ein Wegweiser zeigt dir den Weg, aber er geht nicht mit. *Redensart*
- Alles geht vorüber, auch du.
  Wandtafel auf einem Rastplatz
- Wohin wir auch immer reisen, wir suchen, wovon wir träumen, und finden doch stets nur uns selbst.
  Gunter Kunert

Wein

Vorbereitung
Diese Meditationsausrichtung bedarf Kenntnisse bei der Herstellung von Wein und einiger Vorbereitungen.
A. für den Preßvorgang: Weintrauben, verschiedene Behälter, Stabmixer, Leinentuch, weißwandige Flasche.
B. Eine Flasche oder Ballon mit Traubensaft, der sich bereits in Gärung befindet.
C. Eine Flasche fertigen Wein.

„Umwandlungs-Meditation"
A. Saftgewinnung
Hier sind Weintrauben. An sonnigen Tagen sind sie herangereift und wir alle kennen den saftigen Geschmack. Ich werde jetzt das nachvollziehen, was normal die Weinpresse leistet: Ich mixe die Trauben zur Maische und presse mit einem Tuch den Saft heraus.

Das ist reiner Traubensaft. Saft aus dem Weinstock, von dem Jesus gesagt hat: Ohne mich bleibt ihr unfruchtbar" (nach Jh. 15,6) Er ist naturrein und noch trüb, aber unbehandelt.
Besonders Kinder und Erwachsene, die alkoholfrei leben, trinken gerne diesen Saft.
Kommt und probiert!

B. Gärprozeß
In dieser Flasche befindet sich Traubensaft im Gärungsprozeß. Es handelt sich um einen Umwandlungsprozeß, der uns daran erinnern läßt, daß auch wir uns wandeln sollen: Vom Saft der Beere zum „Wein der Freude", vom Trüben zur Klarheit.
Jesus nahm den Wein und verwandelte ihn für eine Gemeinschaft mit ihm und dem Reich seines Vaters: „Wer in mir bleibt und in wem ich bleibe, der bringt reiche Frucht". (Jh 15,5)

Alle sind eingeladen, zum Gärungsballon zu kommen. Wir sehen, wie kleine Luftblasen nach oben drängen und wie von Zeit zu Zeit es im Gärröhrchen kluckst.
In dieser Flasche findet derzeit ein Wandlungsprozeß statt. Das kann uns daran erinnern, daß auch wir uns wandeln sollen: Vom jungen Saft zum gereiften Wein; von den Trübungen zur Klarheit.
Jesus hat uns geboten, diesen Wein als Zeichen dafür zu nehmen, daß er uns verwandelt.

C. Weinprobe
Ich möchte euch jetzt „reinen Wein einschenken": Probiert den fertigen und durchklarten Wein!
Wein war für die Juden ein Festtagsgetränk; und Wein trinken die Menschen gern in Gemeinschaft. Auch jetzt soll es ein kleines Fest sein, wenn wir den verwandelten Rebsaft trinken.

Wind

Vorbereitungen
Bei dieser Meditation sollen Bilder (Dias) gezeigt werden, weil so am besten die verschiedenen Ausrichtungen des Windes eingefangen werden können. (siehe unten)

Windstille
(Bild: ruhendes Meer)
Hier in diesem Raum herrscht Windstille. Draußen geht fast immer ein Lüftchen, oft weht der Wind: manchmal eisig, manchmal warm. Und noch viele andere Gesichter hat der Wind. Während der Wind ein Symbol der Flüchtigkeit und Unbeständigkeit ist, ist die Windstille ein Symbol dafür, daß in einer menschlichen Beziehung nichts mehr läuft oder daß Frieden eingekehrt ist.
Eine zeitweise Windstille kann gut tun, aber ohne Wind läuft nichts auf der Welt: Es gäbe keine Bestäubung der Blüten, Smog würde nicht abziehen und die Atmosphäre würde sich auf ca. 200 Grad Celsius aufheizen.

Gegenwind
(Bild: einem Menschen bläst Wind entgegen, flatterndes Haar nach hinten)
Besonders beim Radfahren läßt uns der Gegenwind nicht vorwärtskommen. Aber auch der Gegenwind von jenen, die gegen unsere Absichten sind oder etwas hintertreiben, macht uns sehr zu schaffen.
Aber: Stärkt dieser Gegenwind nicht noch mehr unsere Willenskraft und unsere Muskeln? Auch kann uns ein Gegenwind unsere Verbohrtheit und unseren Egoismus bremsen! Besser also Wege im Gegenwind als sich treiben zu lassen.

Rückenwind
(Bild: Mensch mit nach vorne gehaltenen Regenschirm)
Rückenstärkung brauchen wir manchmal alle. Besonders wenn wir einen langen Weg vor uns haben und das Ziel noch weit ist. Rückenwind ist ein Geschenk, weil wir unsere Kräfte nicht so schnell verausgaben müssen. Toll, daß es manchmal Rückenwind gibt!

Sturm
(Bild: Baum im Sturm)
Wie gut, daß dieser Baum gut verwurzelt ist. Der Sturm symbolisiert die Macht und die menschliche Leidenschaft. Auch wir sind manchmal zu stürmisch und preschen vor. Dann kann ein kleiner Baum durch uns fast umgeblasen werden, sofern dieser nicht gerade im Windschatten steht oder uns vorher nicht jemand den Wind aus den Segeln nimmt..
Ich wünsche uns allen ein Windlicht, damit im Sturm das Licht nicht ausgeht.

Hauch
(Bild: Ausatmender Mensch in der Kälte)
Kann man die Luft sehen? Ja, man kann: Wenn man bei Kälte ausatmet. Auch verunreinigte oder eine „dicke" Luft kann man sehen oder spüren und manche Luft kann man sogar riechen. Ein zärtliches Blasen weckt besondere Gefühle. Der Hauch ist Symbol der Wirkungen oder des Ausdrucks göttlichen Geistes und des kosmischen Lebens. Wer das will, sucht sich eine(n) PartnerIn. Haucht oder blast euch zärtlich an und fragt vorher, auf welche Körperstelle das sein darf.

Wort

Was wieg ein Wort?
Was wiegt ein Wort, was ist es wert?
Was kann ein bestimmtes Wort bewegen? Wir wissen, daß es einen Menschen aufrichten, aber auch verletzten kann. Wir wissen, daß ein falsches Wort an falscher Stelle sprichwörtlich katastrophale Folgen haben kann.

Ein wichtiges Wort
Wähle aus nachfolgender Aufstellung ein Wort aus, das dir am meisten zusagt bzw. eines, das du gerne magst oder gerne hörst:
Du, Feierabend, Spitze, Sonntag, Stern, Paradies, grün, Feuer, Lust, Herz, Garten, Buch, Apfel, Rose, Freundin, Glück, Heimat, Rausch, Insel, Mutter, Kreis, total, Gemütlichkeit, super, Strand, Berg, Ring, Sonne, Stille, Haut, Traum, (ein eigenes Wort).

Wer mag, kann seine Wortwahl nennen und dazusagen, warum gerade dieses Wort gewäht wurde. Es soll nur ein Satz sein und dieser soll so beginnen: „Weil....

Lied:
Liebe ist nicht nur ein Wort...
Freiheit ist nicht nur ein Wort...
Hoffnung ...Friede...Glaube...Wahrheit...Einheit...
Geerken/Bücken

Abschluß
Im Anfang war das Wort, und das Wort war bei Gott, und das Wort war Gott. Im Anfang war es bei Gott. Alles ist durch das Wort geworden, und ohne das Wort wurde nichts, was geworden ist.
In ihm war das Leben, und das Leben war das Licht der Menschen...
Und das Wort ist Fleisch geworden und hat unter uns gewohnt.
(Jh 1, 1 ff)

Wüste

Ich möchte heute gerne mit euch eine Wüstenwanderung unternehmen. Wir brauchen dazu nicht erst in ein Flugzeug zu steigen. Am besten, ihr legt euch dazu hin und schließt die Augen. Die Wüste ist voller Schönheit. Seltene Tiere leben dort und herrliche Blumen kann man finden. Die Weite der Wüste, das „auf mich gestellt sein müssen" und das Wegsein von Alltag und Trubel – all das hat auch etwas mit mir zu tun. Ich bin eine Wüste! Eine Wüste mit all den Schönheiten und Entbehrungen, mit der Natürlichkeit des Lebens und mit meinen Bedürfnissen. Mit drei Elementen wollen wir heute die Wüste in uns erfahren: Wasser, Wind und Sterne.

Wir beginnen mit dem Wasser. Manchmal fühle ich mich wie ausgetrocknet. Die Lebendigkeit des Wassers versiegt in mir.
Aber ich weiß, es gibt Unmengen von Wasser. Jede Wüste hat davon genug, oft schon wenige Meter unter dem Sand und dem Gestein. Darum können manche Bäume in der Wüste überleben: Sie treiben ihre Wurzeln bis zu den unterirdischen Bächen.
Wo zapfe ich an, wenn mir das Wasser des Lebens auszugehen droht? In welche Tiefen dringe ich vor? Welche Wurzeln schlage ich?

- Pause -

Der Wind
Am schlimmsten ist der Sandsturm. Ohne schützende Tücher ist man dem Tod ausgeliefert.
Gar nicht so selten werde ich bedrängt und bei manchen Angriffen fühle ich mich schutzlos ausgeliefert.
Wer gibt mir Halt und eine gutes Standbein? Welchen Schutzraum habe ich? Wo halte ich Wolltücher für die Sandstürme im Leben bereit?
- Pause -

Die Sterne
Dank der Sterne ist die Orientierung in der Wüste nachts leichter. Ist in meiner Nacht der Himmel sternenklar? Wo ist der Stern, der mein Leben führt? Sehe ich den lichtbringenden Morgenstern

Abschluß
Jede Person geht in die eigene Wüste: Spaziergang allein, schweigend am Boden liegen bleiben usw.

Wurzel

Natural-Meditation
In der Mitte des Raumes wird eine größere Wurzel (eines abgeschnittenen Baumstammes) umgekehrt aufgestellt. Die TeilnehmerInnen sitzen im Kreis herum.

Der Impuls dazu lautet:
Was sehe ich? - Was fällt mir dazu ein?
Alle sind eingeladen, nach einer Phase der Stille und Ruhe ihre Gedanken auszusprechen.

Hier Anregungen und Ergänzungen, besonders wenn aus dem Teilnehmerkreis nur zaghafte Aussagen kommen:
- Im Pflanzenbereich gibt es Hauptwurzeln, Nebenwurzeln, Seitenwurzeln und Haarwurzeln.
- Haarwurzeln holen die Nährstoffe aus dem Boden.
- Eine wichtige Aufgabe der Wurzeln ist, für die Standfestigkeit der Pflanze eine gute Verankerung im Boden herzustellen.
- Im übertragenen Sinne wird das Verwurzeltsein eines Menschen bildlich ausgesprochen:
Herkunft, Familienbindungen, Heimat, Charakterfestigkeit.
- Die Wurzeln tragen die Pflanze! Auf den Menschen übertragen heißt das: Nicht du trägst bzw. hast Wurzeln, sondern die Wurzeln tragen dich!
- Es gibt die Redewendung „die Wurzel allen Übels". (vgl. 1.Tim. 6,10) Damit ist der Geiz gemeint.

- wurzeln - verwurzelt sein, Wurzelfäule, Wurzelwerk
- Wurzel als Grundzahl einer Potenz (z.B. 4 von 16)
- Wurzel Jesse: gemeint ist Jes. 11,1: Doch aus dem Baumstumpf Isais wächst ein Reis hervor, ein junger Trieb aus seinen Wurzeln bringt Frucht.

Metapher
Wir greifen die Stelle bei Jesaia auf:
Eine tot scheinende Wurzel bringt einen neuen Trieb.
Wir nehmen das Bild und bringen zum Ausdruck, was das für uns im übertragenen Sinn bedeuten kann:
Kein Hoffnungslicht in Sicht
Flüchtling sein
Kündigung - arbeitslos - mittellos
Unheilbare Krankheit
Das Ozonloch wird immer größer

Ying - Yang

Ying - Yang ist das Symbol des chinesischen Weltbildes und besagt, daß alle göttlichen Wirkungen von einer Einheit ausgehen und der Vervollkommnung und der Entwicklung der Gesamtheit dienen. Im wechselseitigem Handeln wird immer wieder von neuem Harmonie hergestellt. Ying-Yang stehen für die voneinander abhängigen weiblichen und männlichen, negativen und positiven Lebenskräfte.

Ying= negativ, passiv, schwach, destruktiv, weiblich, weich, dunkel, feucht, Wasser, Mond, Körper, Erde, Macht.

Yang= positiv, aktiv, stark, konstruktiv, männlich, hart, hell, Geist, Sonne, Feuer.

Realitäten

In der Mitte liegt das Ying - Yang - Zeichen; in entsprechender Größe gemalt. An den Rand legen wir Gegenstände, die in unserer Welt allgemein als Gegensätze empfunden werden. Oder wir sprechen diese aus:
männlich/weiblich, hell/dunkel, Tag/Nacht, gut/böse, Hitze/Frost, Schweigen/Reden, Zerstörung/Wachstum, Fruchtbarkeit/Unfruchtbarkeit, Heil/Unheil...

Einheit der Gegensätze

Wir legen einen Strick oder Farbbänder um die Gegenstände als Ausdruck dafür, daß sich in ganzheitlicher Umfassung alles ergänzt und sich alles gegenseitig bedingt.
Wer will, kann jetzt in den Kreis „Weil-Aussagen" bringen. Zum Beispiel:
- Weil etwas vergeht oder stirbt, kann Neues wachsen
- Weil es das Böse gibt, werden Menschen zum Handeln aufgerüttelt
- Weil es manchmal dunkel ist, schätze ich umso mehr die Sonne
- Es ärgert mich, daß Ying weiblich und negativ und Yang als männlich positiv sein soll
- Aus meinen Fehlern habe ich immer wieder gelernt

Abschluß

Wir lassen einen Satz auf uns wirken:
„Alle Gegensätze laufen in Gott zusammen" *Nicolaus Cusanus*

Oder:

„Nur Gott kann alle Standpunkte gelten lassen" *Anna*

Zeit

1. Teil: Zeit hören

In der Mitte des Raumes liegt eine größere Uhr, möglichst eine mit Zifferblatt und wenn möglich eine, dessen Ticken deutlich zu hören ist.
Wir sprechen das aus, was uns dazu einfällt.

2. Teil: Zeit verstehen

Die Zeit vergeht; sie steht zwischen Vergangenheit und Zukunft, zwischen der Gegenwart und einem Fixpunkt.
Wir können die Zeit nur mühsam beschreiben, aber wir können unsere Zeiten nachvollziehen. Warum erscheint uns manchmal eine Zeit lang und die andere zu kurz?

1. Übung

Es wird ein Musikstück gespielt (von 30 Sekunden bis 1.5 Minuten). Niemand soll auf die eigene Uhr oder eine im Raum befindliche schauen und einschätzen, wieviel Zeit dabei vergangen ist.
Nennt euere Ergebnisse!

2. Übung

Wir stoppen jetzt nocheinmal dieselbe Zeit (z.B. 53 Sekunden). Versetzt euch aber zunächst in folgende Situation: Ohne örtliche Betäubung wird an einem deiner Zähne gebohrt. Der oder die Zahnärztin sagt, das es genau 53 Sekunden dauert. Das Bohren beginnt und die Zeit läuft.
Jetzt anders: Alle sollen sich eine Begegnung oder eine Situation vorstellen, die voll von Glück und Genuß ist.
(lieber Mensch, Riesenrad, Hochzeit, an einem Wasserfall u. ä.) Wieder 53 Sekunden - die Uhr läuft"

Erfahrungen, Mitteilungen, Auswertung

3. Teil: Zeit – Gebete

In harten Zeiten die Zeichen der Zeit verstehen
und in Zeiten des Glücks verweilen.
Zeitbomben im Zeitalter der Umweltgifte entschärfen
und keine Zeit haben für unnützes Reden.
Immer einen guten Zeitvertreib haben
und die Lebenszeit nicht verkürzen
Eine Zeit für das Miteinander haben
und Zeiten der Ruhe finden.
Zeitlebens den Zeitpunkt zum Aufhören nicht übersehen
und Friede am Ende der Zeiten.

Zweig

Barbara statt Knecht Ruprecht

Zweige haben in diesen Tagen eine besondere Bedeutung. Sie stehen für Barbara, die Rute des Hl. Nikolaus bzw. seinem Knecht und noch für vieles andere.
Bis vor wenigen Jahrzehnten gab es in unseren Schulen noch die Prügelstrafe. Mit Ruten, Stöcken und Peitschen versuchte man, Zucht und Ordnung aufrechtzuerhalten. In etwa 15 Prozent der deutschen Familien wird heute noch regelrecht geprügelt. Und geprügelt wird auf der ganzen Welt! Erst vor wenigen Wochen wurde eine Braut in Iran zu 85 Peitschenhieben verurteilt, weil sie es gewagt hat, bei ihrer Hochzeit mit Männern zu tanzen.

Es ist die Wärme, die Zweige zum Blühen bringen können. Das ist so bei den Zweigen, und ebenso bei den Menschen. Zuneigung und Wärme bringen Blüherfolge.
Lassen wir jetzt diese Zweige durch die Runde gehen. Schaut, befühlt und staunt! Wenn man mit diesem Zweig zuschlagen würde, würden die zarten Knospen brechen.

Ich habe heute keine Haselnußzweige mitgebracht, die jahrhundertelang von Vätern zu Ruten zusammengeflochten wurden, um die Kinder zu züchtigen. Ich habe Kirschzweige dabei und ich behaupte einmal, daß diese mehr erreichen als der zusammengeflochtene Haselnußzweig.

Barbara

Der Brauch mit den Barbarazweigen geht zurück auf auf eine Legende aus dem 4. Jahrhundert. Ein Kaufmann wollte seine Tochter Barbara vor verfrühter Liebe schützen und sperrte sie daher in eine Festung. In Abwesenheit des Vaters lernte sie Christus kennen. Und weil sie sich von diesem Glauben nicht lossagte, wurde sie ins Gefängnis gebracht. Aber auf dem Weg dorthin verfing sich ihr Kleid in einem Kirschenzweig. Sie brach den Zweig und nahm ihm mit in ihre Zelle. An dem Tag, als man Barbara hinrichtet, stand der Kirschenzweig in voller Blüte.

Lied:

Freunde, daß der Mandelzweig, wieder blüht und treibt,
ist das nicht ein Fingerzeig, wie das Leben siegt...
T.: S. Ben-Chorin, M.: F. Baltruweit

Laßt euere Ruten daheim,
Schläge bringen niemals was ein.
Bringt Zweige der Barbara
die Vasen stehen schon da.

Statt Peitschen Streicheleinheiten
In Liebe sich üben,
    den Streit vermeiden.
Warme Stuben,
    Fernsehen ist heute tabu.
So wachsen auch dir Blumen zu.

Soll es bald Weihnachten sein
dann kehre Stille in euch ein.
Schaut wie Knospen aufgehen
Zu Weihnachten werden wir's sehen.

Zündholz

Für immer 4 - 6 Personen liegt eine gefüllte Zündholzschachtel bereit.

Hinführung

Manchmal sehnen wir uns nach einer zündenden Idee. Wir wünschen, daß es funkt. Manchmal sind wir für eine Sache Feuer und Flamme und dann schaffen wir es auch, daß der Funke auf andere überspringt. Und wenn der Zündfunken einmal übergesprungen ist, dann läuft alles wie von selbst weiter.

Mit einem Zündholz wollen wir heute das „zünden" für unser Leben lernen: Die Schwefelmasse am Kopf des Zündholzes besteht aus toter Materie. Durch Reibung entwickelt das Zündholz Dynamik. Es entzündet sich etwas, es wird hell und manchmal wird dadurch auch etwas zerstört.

Zünd - Material

Manchmal stagniert eine Sache, es geht nicht weiter: bei mir selbst, bei meinen Freundinnen und Freunden, in der Schule oder zuhause, in unserem Ort, in unserer Gesellschaft oder auf Weltebene.

Wir halten etwas Stille, damit sich alle überlegen können, wo es zünden soll. Später kann man das aussprechen, auf einen Zettel schreiben oder nur für sich diese Zündsache zurechtlegen.

Alternativ: Zu einem aktuellen Thema werden Stichworte (Zündfunken) gesammelt, also Vorschläge für ein anstoßendes Handeln. Zum Beispiel Vorschläge für Abfallvermeidung. Anschließend einigt man sich auf eine gemeinsame „zündende Idee".

Zündaktion

Mit einer Zündaktion können wir heute eine Zündung einleiten, die dann hoffentlich auch zur Entzündung führt. Nehmt alle ein Zündholz aus der Schachtel und stellt euch zu viert oder zu sechst um eine Zündholzschachtel. Konzentriert euch dann ganz fest auf die von euch (bzw. die von uns) festgelegte Zündidee. Wir entzünden dann gemeinsam und gleichzeitig unsere Hölzer.

(wenn der Raum dunkel gehalten wird, kommt das „Flammenmeer" besser zur Geltung. Nach sekundenlanger Stille soll dazu aufgefordert werden, abgebrannte Zündhölzer in bereitgestellte Schalen zu legen)

Weitere Titel von Josef Griesbeck bei Herder

Bücher zur Jugendarbeit

Josef Griesbeck
Durchatmen!
Meditationen - Frühschichten -
Wortgottesdienste
127 Seiten, Paperback
ISBN 3-451-23050-X

Josef Griesbeck / Martin Gastinger
Leben feiern - Feiern erleben
Impulse und Ideen
für den Gottesdienst
143 Seiten, Paperback
ISBN 3-451-21696-5

Christa Straub / Helena Rimmele
Zwischen 18 und 30
Werkstattbuch für die Arbeit
mit jungen Erwachsenen
189 Seiten, Paperback
ISBN 3-451-23056-9

Das hätt' ich nicht gedacht
Religiöse Orientierungstage
mit Schülerinnen und Schüler
Ein Werkstattbuch
Hrsg. Von Ulrich Schabel in Zusammen-
arbeit mit Hubert Streckert, Michael
Veeser-Dombrowski, Norbert Wölfle
160 Seiten, Paperback
ISBN 3-451-23344-4

Waltrautd Schneider
Tanzend beten - betend tanzen
Beispiele für Gottesdienste
in Gemeinde und Gruppe
96 Seiten, Kartoniert
ISBN 3-451-23696-6

Herder
Freiburg · Basel · Wien